GRAAL legenda de um cálice

Coleção Signos
dirigida por Augusto de Campos

Supervisão editorial
J. Guinsburg

Projeto gráfico e capa
Sergio Kon

Edição de texto
Luiz Henrique Soares
Elen Durando

Preparação de texto
Luiz Henrique Soares
Juliana P. Sérgio

Revisão de provas
Marcio Honorio de Godoy

Produção
Ricardo W. Neves
Lia N. Marques
Sergio Kon

HAROLDO DE CAMPOS

GRAAL
LEGENDA DE UM CÁLICE

organização:
CARLOS ANTÔNIO RAHAL

PERSPECTIVA

Copyright © Ivan P. de Arruda Campos e Carmen de P. Arruda Campos, 2017.

CIP-Brasil. Catalogação na Publicação
Sindicato Nacional dos Editores de Livros, RJ

C212g
Campos, Haroldo de, 1929-2003
    Graal : legenda de um cálice / Haroldo de Campos ;
organização Carlos Antônio Rahal. – 1. ed. – São Paulo :
Perspectiva, 2017.
    112 p. : il. ; 21 cm. (Signos ; 58)

    ISBN 9788527311090
    1. Teatro brasileiro. I. Rahal, Carlos Antônio. II. Título.
III. Série.

| 17-43625 | CDD: 869.2 |
| | CDU: 821.134.3(81)-2 |

26/07/2017   27/07/2017

1ª edição

Direitos reservados à
EDITORA PERSPECTIVA LTDA.

Av. Brigadeiro Luís Antônio, 3025
01401-000 São Paulo SP Brasil
Telefax: (11) 3885-8388

www.editoraperspectiva.com.br

2017

SUMÁRIO

Prefácio: Rua Monte Alegre, 635
Carlos Antônio Rahal
9

Graal, Legenda de um Cálice
Haroldo de Campos
13

Fac-Símile do Datiloscrito da Peça
41

Haroldo de Campos e o Teatro
J. Guinsburg
61

Dois Haroldos: Lírico e Épico
Carlos Antônio Rahal
73

A Poesia Cênica de Haroldo de Campos
Lucio Agra
81

Uma Alegoria Antropofágica
Claudio Daniel
97

RUA MONTE ALEGRE, 635

PREFÁCIO

Carlos Antônio Rahal

Conheci Haroldo de Campos no início dos anos 1980, por intermédio de seu filho, Ivan de Campos, meu colega no Instituto de Química da Universidade de São Paulo (USP). Aproximamo-nos na realização de importantes atividades do centro acadêmico, a saber: pebolim, sinuca, cacheta, truco e bridge. Sim, o refinado jogo de cartas inglês foi o que mais estreitou nossa amizade, que perdura até hoje. Tanto que começamos a organizar noitadas (madrugadas) de bridge com outros colegas e amigos na casa onde Ivan residia com seus pais, Haroldo e Carmen.

Morando mais longe, eu invariavelmente chegava mais cedo que os outros à rua Monte Alegre – inclusive antes do próprio Ivan – e esperava na sala de estar, aceitando ora um café, ora uma água. E, enquanto esperava, ouvia Haroldo falar. Minha impressão era de que ele poderia discorrer horas sobre qualquer assunto, mas, é claro, suas preferências recaíam na poesia. Às vezes, estavam lá seu irmão Augusto, Décio Pignatari e outras pessoas de seu círculo de amizades, e as conversas revelavam, para o garoto curioso que eu era, um mundo pouco conhecido.

Àquela altura, eu pensava que Haroldo não tinha grande interesse pelo teatro, já que não tocava no assunto nem se mostrava um frequentador – exceto quando algum texto seu era adaptado para o palco por Gerald Thomas ou Bia Lessa. Até que um dia, por acaso, começamos a conversar sobre teatro e ele mencionou os textos do Padre Anchieta, que grande parte do meio teatral brasileiro desconhece. E era tal a desenvoltura com que o poeta discorria sobre a obra dramática do jesuíta que acabei por perguntar se ele, Haroldo, já havia tentado escrever para o teatro (descontando o poema "Auto do Possesso", que não chega a ser uma peça). Foi aí que soube da existência de *Graal, Legenda de um Cálice*.

Naquela época, eu já tinha uma longa carreira no teatro amador (com algumas incursões profissionais) e no cinema publicitário, mas, para tirar o registro profissional de ator, decidi seguir o caminho mais longo: a escola de teatro. Algum tempo depois de saber sobre *Graal*, cheguei, com minha turma, ao último estágio do Teatro Escola Macunaíma, o da formatura. E que peça fazer? Recorri a Haroldo, que me emprestou o original da sua peça. Tirei uma cópia e mostrei aos meus colegas, que não se entusiasmaram (para ser sincero, nem eu). Mesmo assim, nosso espetáculo de formatura foi haroldiano: montamos um amálgama de *Bere'shit/A Cena da Origem, Qohélet/O Que Sabe*, e dois exemplares dos *Cântico dos*

prefácio: rua monte alegre, 635
carlos antônio rahal

Cânticos (um deles recém-traduzido e ainda inédito na época), tudo gentilmente cedido pelo poeta. *Graal* ficou esperando nova chance. Mais tarde, em 2001, a editora Perspectiva publicou *Da Cena em Cena*, livro de Jacó Guinsburg. Nos quinze ensaios da obra, o autor se debruça sobre o trabalho de artistas e pensadores de alguma forma ligados ao teatro. Um deles foi Haroldo de Campos e, para minha (ingênua) surpresa, Guinsburg não apenas analisa *Graal*, como o faz com agudez tamanha que, ao receber o convite para editar este livro, senti uma ponta de insegurança: como aprofundar os estudos de *Graal* diante do conhecimento pessoal e acadêmico que Jacó Guinsburg demonstrou ter do poeta Haroldo de Campos? Bem, os resultados poderão ser lidos na fortuna crítica aqui reunida, na qual incluí os ensaios "Haroldo de Campos e o Teatro", de J. Guinsburg, extraído de *Da Cena em Cena*; e os inéditos "Dois Haroldos: Lírico e Épico", de minha autoria; "A Poesia Cênica de Haroldo de Campos", de Lucio Agra; e "Uma Alegoria Antropofágica", de Claudio Daniel.

Passados tantos anos, penso que aquilo que Haroldo de Campos buscou expressar em seu teatro não se expressa pela linguagem, como bem revelam as tentativas da personagem Graal. Dramático, na peça, é a busca de algo que o autor ainda não sabe o que é (a busca do Graal). Há nessa procura um paralelo com a tragédia grega: nesta, o dramático é a tentativa de encontrar o porquê daqueles acontecimentos. Assim como os desígnios dos deuses gregos são insondáveis (como o são, de resto, os de todos os deuses) e, por isso, os fatos trágicos são inexplicáveis, o Graal é inalcançável. Cabe discutir se, com esta peça, Haroldo alcançou o seu Graal.

Considero este livro uma homenagem a Haroldo de Campos. Nem maior nem menor do que as muitas que lhe foram prestadas: apenas a homenagem de quem muito aprendeu com ele, só por estar sentado numa sala de estar da rua Monte Alegre.

GRAAL
LEGENDA DE UM CÁLICE

**BUFOTRAGÉDIA MEFISTOFÁUSTICA
OU
MEFISTOFARSA BUFOTRÁGICA**

EM DOIS ATOS E CENAS
Novembro, 1952

PERSONAGENS[1]

Graal
Áurea ⎫
Aureamusa ⎭ a mesma, em dois tempos
Dame Mémoire
Messire Le Mot
Todaluz ⎫
Luciphalus ⎭ a mesma, em dois tempos
Tinnula
Vox Populi
1º Comparsa
2º Comparsa

COROS

O dos Iguais
O dos Homens Sem Cabeça (Coro I)
O dos Homens Sem Braços (Coro II)

---

[1] Em busca da maior fidelidade e legibilidade possíveis, e levando em conta que se trata de um escrito não revisto por seu autor, a presente edição da peça procedeu à padronização do texto pelos critérios editoriais e ortográficos vigentes hoje em dia. Como é possível notar pela versão fac-similar, infra, há intervenções manuscritas do autor que, sempre que compreendidas de forma inequívoca, foram incorporadas. (N. da O.)

ATO I
CENA 1

Cenário: Ao centro, uma intensa luz azul. Poderemos chamar esse lugar de Glaux: aí se move o Coro dos Iguais.

À esquerda: um décor *de folhas de jornal e notas de banco. À direita: idem. Postas de carne ensanguentada respingam nas notas e nos jornais. O Coro dos Homens Sem Cabeça e o Coro dos Homens Sem Braços, vestidos como o nome indica.*

O CORO DOS IGUAIS: Homens de negócio. Capitães de indústria. Poderosos fabricantes de soquetes de matéria plástica: Ele nasceu.

COROS I E II: Uhmm...

CORO DOS IGUAIS: Estranhais que Ele possa nascer, ó Notáveis, em Vosso Mundo de Corações pasteurizados e Preventivos Malthus Além?

CORO I: Nós temos notas de QUINHENTOS. Temos notas de MIL. Tudo pela grandeza do Brasil!

COROS DOS IGUAIS: Ficai com vossas postas de QUINHENTOS (*apontando para os pedaços de carne*). Ele nasceu.

CORO II: Mas e os nossos Balancetes nos jornais, não estão corretos? O nosso precioso anonimato não está mantido? Somos ou não somos os S/AS?

COROS DOS IGUAIS: Ele nasceu.

CORO I E CORO II (*reúnem-se e confabulam por traz do Coro dos Iguais*): Demitiremos o Contabilista-Chefe!

Demitiremos o Legista-Chefe!

Demitiremos...

Ah! O massacre das crianças: um dedo na fontana bregmática!

COROS DOS IGUAIS: Nasceu e seu nome...

CORO I E CORO II (*em uníssono*): Eureca!

Nascido, que poderá fazer contra o filamento de tungstênio que incandesce no bulbo das lâmpadas elétricas?

Arrastado à cauda dos cavalos-vapor que poderá fazer?

Alguém lhe prestará atenção quando os pássaros submissos das ondas

hertezianas sintonizarem o Amor junto ao anúncio de um porta-seios?

CORO I: Se nasceu, lavo minhas mãos. Servos: um manilúvio.

CORO II (*ligeiramente perturbado*): E eu lavo meus pés. Servos: um pedilúvio.

Trazem bacias com notas de quinhentos e retalhos comerciais de jornais, e eles o fazem.

COROS DOS IGUAIS: Seu nome será Graal, por ser o mais puro, e conter sua força em dois aa, como o sangue nas aurículas do coração.

CENA 2

Um escritório, mesa imensa. Graal surge meio afogado numa pilha de papéis. A luz é amarelo-palha e, todo o tempo, as máquinas de escrever tricotando o seu choro.

GRAAL: Nascido, eu envelheço de cem anos.

DAME MÉMOIRE (*surgindo vestida como uma balada de Charles d'Orléans. Ou, antes, como a tela de uma aranha de vidrilhos luminosos*): Eu sopro nas tubas do tempo. Minhas histórias se enrolam como o nácar que elabora o náutilus e o múrex turriforme. Não me conheces: eu me repito!

GRAAL: Dame Mémoire. A memento materna. A Incrível Presti-digitadora de Onirosas! Quem não te conhece? Eu, nascido, desde cem anos. Na pia-máter, a mais interna das membra-nas, teu jogo de vidrilhos pérola.

1º **COMPARSA :** Vim buscar os arquivos.

2º **COMPARSA:** Os anos de 1929, 1930, 1931 etc.

GRAAL: Os arquivos (*revolve uma pilha imensa de papéis*) – Quem não te conhece, Naja Vertebral, encostando, à altura da cerviz, tua fina cabeça de mercúrio, velha ciranda?

DAME MÉMOIRE: Eles pedem os Arquivos e tu olhas para dentro de ti mesmo. Infeliz. Quando acabarão estas vigílias de corno e cópias? Menino à falta de aias. Infeliz!

1º COMPARSA : Aqui estão.

2º COMPARSA : Pronto. Achamos os arquivos. (*Saem.*)

GRAAL: Eu penso o GLADÍOLO. Logo os gládios me atormentam. E Glaux é a cor do mar de papilas imensas. O mar é uma língua azul. Meu processo se chama: a decomposição do átomo--verbo. Por ele as nações não enviam seus espiões: silenciam. E o silêncio é para mim um cão que se uiva à lua, ou a lua que uiva a um cão. O mesmo. A lógica, como a palma da mão, escreve por linhas tortas.

DAME MÉMOIRE: Eu sou a Memória, a que não esquece. Colada à gárgula de uma Catedral esperei todo esse tempo. Que esperas, diziam? E eu: algures uma ostra, no oceano mais fundo, sente o câncer de uma pérola.

GRAAL: Graal... O meu nome é estranho, não achas? É como um cálice, como o ápice de um cristal cuja base a jaça começou a roer. Como um sangue aquilino.

1º COMPARSA: Arquivista, um Senhor quer vê-lo. Posso fazê-lo entrar?

GRAAL (*atrapalhadíssimo com a pilha de papéis*): Como?

2º Comparsa entrega-lhe um cartão.

graal, legenda de um cálice
haroldo de campos

GRAAL (*lê*):

> MESSIRE LE MOT
>
> comerciante de
> secos e molhados
>
> –SEJA BREVE–

(*à parte*) "Messire Le Mot": despicienda francesia.

DAME MÉMOIRE (*que se colocara por traz de Graal e o envolve em sua teia*): Não o recebas. Eu o conheço sob qualquer nome. No princípio, era o Verbo. Agora ridiculariza o meu ar de balada. Farsante. Por muito menos lhe cravaria uma agulha na língua.

GRAAL: Cala-te! Fecha essas asas de morcego. Poupa teus fios, Aracne. Vai-te!

DAME MÉMOIRE: Eu sou a Memória, a que não esquece... Eu sopro nas tubas do Tempo... Meu hálito amamenta as fábulas...

GRAAL (*furioso*): Vai-te.

Entra Messire Le Mot, vestido de fraque, com um enorme relógio suspenso ao ventre e, nas costas, um dístico: TIME IS MONEY.

CENA 3

MESSIRE LE MOT: Apresento-me. Messire Le Mot, Negociante.

GRAAL: Muito pesar, Graal, cálice.

MESSIRE LE MOT (*polido*): Vim propor-lhe um negócio. Um pequenino "affaire".

GRAAL: ?

MESSIRE LE MOT: Entremos sem rodeios no assunto. Desculpe, é da profissão, sou Negociante.

GRAAL: ?

MESSIRE LE MOT: Há muito tempo que a sua presença me incomoda. Como sabe, sou Negociante estabelecido aí em frente. Vendo por atacado e a varejo. Me. Mas, ao vê-lo pela vidraça, sempre em meio a papéis, sempre iluminado, e ao mesmo tempo escuro, me pergunto: por que não me deixa em paz? Quisera levantar os olhos e contemplar um horizonte neutro: seco e molhado. Mas o senhor não deixa. Faz-me suar. Os meus poros nunca se fecham. Outro dia até comprei um decoctório. Eu sou simples, procuro tornar as coisas simples... Quer trabalhar comigo?

GRAAL: Os tigres. Os tigres-de-dentes-de-sabre.

MESSIRE LE MOT (*começando a enervar-se*): Detesto as línguas mortas. Uma língua morta é uma ondina abissal, cujos olhos suportam uma pressão atmosférica tão grande que sob ela se ouve o canto dos metais escravizados trabalhando a medula do planeta.

GRAAL: Um jugo suave. Suave como a cauda do lambda, sereia que se desnuda sob o véu palatino. Lâmpadas!

MESSIRE LE MOT: Velas. Estão mortas.

GRAAL: Obsequioso senhor: onde guardam os restos do banquete os que comem em tuas mãos a ração cotidiana? Onde guardam o lixo de tua saliva os que se contentam com a tua moeda corrente?

MESSIRE LE MOT (*irônico*): Lixo! Lixeiro de restos do Azul, o que és. Sempre raspando. Coletor de palavras.

graal, legenda de um cálice
haroldo de campos

GRAAL (*humilde*):   As palavras sob as unhas se escondem como grifos. Elas são de uma família antiga, não o sabes? Vi a sua linhagem escurecendo de abelhas um céu infinito. Vi os seus maiores espiando sob as pálpebras das rosas. Um dia um pássaro pousou-me na mão e sua garganta era uma palavra. Rouxinol: não ouves um sol turvado de ametistas gorgear nesse nome?

MESSIRE LE MOT (*subitamente formalizado*):   Surdo. Completamente surdo. Pobre cavaleiro-armado para andanças de moinhos e arco-íris. Eu por um senhor de negócios. O preço do diamante sei dizer: em bruto ou lapidado?

GRAAL: O diamante é um príncipe albino que dissipa em um dia a luz de um povo que se encerra em cavernas: os carvões-de-pedra.

MESSIRE LE MOT (*conclusivo*):   Basta. O diamante é o diamante. Time is money. Só me interesso por negócios. (*Sai.*)

GRAAL: Turmalina. Tour Maligne. Tur Mal Ígnea. Tahr Ântula. Aaaaaaaaaar!

(*Cai o pano.*)

CENA 4

TINNULA (*uma criança com um chapéu de estrelas*):   Eu os vi (*ri-se*).

CORO I: A quem?

TINNULA: Ele e Ela

CORO II: Ele e Ela?

TINNULA: O moço de coração iluminado e a moça que vai para a festa.

CORO I: Graal e...

CORO II (*brutal*): Ele está apaixonado

TINNULA: De mãos dadas formavam arcos de aves-íris

CORO I: Por falar em paixão, meus técnicos estão pesquisando um preventivo para isso...

CORO II: Cala-te. Primeiro afogá-lo em papéis... Foi ideia minha, não?

CORO I: Ótima ideia!

CORO II: E agora... apaixonado!

CORO I: Mandarei suspender a fabricação dos rouxinóis mecânicos... Afinal, o produto pode não ter saída.

CORO II: Sim, e agora poderei gozar em paz o meu weekend. (*Perturbando-se.*) Eu coleciono selos, sabes?

CORO I (*também perturbado*): E... E eu figurinhas coloridas.

CORO II (*explicativo*): Um hobby para o excesso de trabalho. Há os que juntam caixas de fósforo, carteiras de cigarro, rótulos de vinhos, e até fios de barba, lâmpadas velhas, tampinhas de cerveja...

CORO I (*compreensivo*): ...ou nus artísticos

TINNULA: Vêmvindovêmvindo!

CORO I: O que não suporto é esse maldito colecionador de palavras... Colecionar palavras é o mesmo que colecionar vísceras.

CORO II: O Código de Ética diz: "Colecionar palavras, verbi gratia: comê-las, titilá-las, ou expô-las em lugares indecorosos é contra a Ordem Pública".

CORO I: ... É o mesmo que exibir nas ruas as partes vergonhosas!

CORO II (*graviloquente*): As Famílias! Pudendum!

TINNULA: Dando-se as mãos formam aves de arco-íris.

graal, legenda de um cálice
haroldo de campos

Entram Graal e Aureamusa, o primeiro reconhecível por sua vestimenta em forma de coração, a segunda, parecendo um bric-à-brac barroco.

GRAAL: Aureamusarondinaalúvia

ÁUREA: Meu nome é Áurea.

GRAAL: Teu nome é um polissílabo que bebe em meus lábios e se rejuvenesce como um cristal cediço. Não sentes, na crossa da aorta, um candelabro de mil braços que ilumina todo o sangue? Eu amo. Eu te/me – Amo!

ÁUREA: Vamos ao cinema. Estou cansada. Tenho datilografado muito...

GRAAL: Deixa-me sentir teu rosto. O ponto onde a veia jugular irradia seu magistério azul (*beija-a*). Teu corpo é uma viagem cuja bússola enlouqueceu. Não ouves o alarido dos piratas mordendo o fio das lendas? Eu te amo. Derramaram ouro em teus ombros e eles se fecham como asas de um incêndio. Tuas pernas são antílopes de espaço...

ÁUREA: Psiu, estão nos ouvindo. Deixa-me...

GRAAL: Voam! Ah! essas ancas que alucinam os tornos e prateiam as garupas. Cintura de círculo-vicioso. Teus seios onde o vento se aninha e as velas-búzios. Mar. Um ventre é como o mar. Thalassamar. Tálamo.

ÁUREA: Deixa-me, está muito claro.

GRAAL: Em tuas coxas dormem mulheres nuas. Na raiz dos teus cabelos, como no fim do arco-íris, há tesouros...

ÁUREA: Se não queres ir ao cinema, vamos ao Club Sweet. Estou louca para dançar.

GRAAL (*perdendo o tom lírico e tornando-se noturno*): Club Sweet. Diálogo de donzelas! Pucelábios, vocativos, et periscelidas et murenulas et olfactoriola et inaures et anulos et gemmas in fronte pendentes[2] ..... Cotillon de palavras.

ÁUREA: Já te disse que não me fales em línguas que eu não entendo... (*chorosa*). Não gosto.

GRAAL: Fica com teu Club Sweet. Vai-te. Queiras ou não queiras eu te chamarei

AUREAMUSARONDINAALÚVIA   (*Ela sai.*)

Entra TINNULA *e o vê, sozinho, olhando para o coração. Ela canta.*

TINNULA: Cirandacirandinha... (*toma-lhe a mão e corre em volta dele*).

GRAAL: Uma criança não existe (*afaga-lhe os cabelos*). Uma criança é uma fada de plenilúnio que bebe numa fonte. Minhas têmporas! Sinto uma febre de rosas...

TINNULA (*cantando*): O anelquetumedeste...

GRAAL: Uma criança é um fio de vidro. Uma filigrana de vidro. Se me perguntarem onde estou, direi: num jardim onde os gnomos desencantam crianças...

TINNULA: ... eravidroesequebrou

---

2 *Isaias* 3,20-21 na versão da Vulgata; na versão da *Bíblia de Jerusalém* em português: "dos diademas, dos chocalhos, dos cintos, das caixinhas de perfumes e dos amuletos, dos aneis e dos pendentes do nariz". (N. da E.)

graal, legenda de um cálice
haroldo de campos

CORO I: Cuidado! De seus dedos saem vírus. Espiroquetas e flagelados, pequeninos demônios de tridentes sulfúreos brotam
de seus poros. Cuidado! Precisamos proteger as crianças...

CORO II (*chamando*): TINNULA! TINNULA!

(*Cai o pano.*)

ATO II
CENA 1

Graal sentado à sua mesa enorme, semiafogado em folhas de papel.
Entra Todaluz e o arrebata.

GRAAL: Quem és?

TODALUZ (*empolgando-o e levando-o para o cimo da montanha*):
[Lúcifer]: eu sou O que Tenta.

GRAAL: O que porta a luz. A Luz o que é? Um coral de vidrilhos?
Um espelho ensimesmado? Um grande poro? Ou um processo
solar que se crisalida? [O Espectro]: um prisma escamoteando
o seu esqueleto de sete-cores.

TODALUZ: Vê: o mundo a teus pés.

GRAAL: Aquelas formigas? Uma vez derrubei um funil de terra, e
elas saíram, as Cegas, aos milhares, como um labirinto que
se desarticula, as Ruivas, comedoras de folha, de sua estação
única ladeada de tochas apagadas, as Previdentes.

TODALUZ: Digo – o mundo a teus pés. Também me chamam Luciphalus. Olha aquelas mulheres que se comportam como rios

de nylon. As púrpura loura branca amêndoa amara bétula tâmara anis mulheres. És um solitário, não és?

GRAAL: A solidão? Um bicho-da-seda que segrega a si mesmo – engulo-me pelos dedos.

TODALUZ: São tuas. Seus joelhos são conchas e trabalham. Seus lábios histerizam o escarlate aos gritos. Suas axilas filigranam um ouro libidinoso e adoçam os palpos das aranhas. São minhas. E portanto tuas. Uma água inteiriça passa por seus corpos onde se dessedenta o puro sangue dos potros e a corça tomba sob a pata do tigre. Fala!

GRAAL: Meu nome é GRAAL!

TODALUZ: Que te serve esse nome! Um cálice. Quebra-o. Não te doem os lábios de bebê-lo sempre?

GRAAL: Uma constelação com o meu nome gelaria, exceto duas estrelas.

TODALUZ: Decide. A altivez é um punhal – se te moves fere-te a nuca.

GRAAL: A lira tem duas cordas, e no entanto seus sons vibram como uma colmeia.

TODALUZ: Vamos de uma vez. Decide. Estás vendo aqueles, lá embaixo. Anseiam por te receber em seu meio. Os discursos que te prepararam consumiram léguas de papirus. Aquele outro, um comerciante circunspecto, se trabalhares para ele, ganharás em respeito o que ele poupa em noz vômica. Teu peso em ouro. Vamos.

(*Graal emudece o olha para as unhas.*)

graal, legenda de um cálice
haroldo de campos

TODALUZ: E depois as mulheres. As grandes alvas úbeis lábeis. Suas máquinas de mansidão. Suas moendas amorosas com vulvas e nenúfares: molham. E os batizados, os epicédios, os natalícios, as comezainas, os diretórios, os esponsais, as prebendas, os jubileus, os onomásticos, as sinecuras, a honra da firma, a honra ao mérito, o honoris causa...

GRAAL: Chega. Não me tentarás. Teu nome não é Luciphalus. É Todaluz. Eu te conheço. A luz é a irmã albina da treva. A treva é um caráter recessivo, como os olhos azuis. A luz domina.

TODALUZ (*diminuindo e ficando cada vez mais brilhante*): Pela última vez, decide.

GRAAL: És altivo. És o Príncipe-Bastardo dos altivos. Antigamente levavas a tocha. Lampadóforo. Não te fica bem essa gíria de camelot: "Decide, vamos... Decide!" Fico com o meu nome. Ele já está amargo: eu o tenho há cem anos. Mas não importa. É uma taça. Seu cristal cola-se a meu lábio como uma pele de vidro. E eu já te disse: se fosse uma constelação, gelaria, exceto duas estrelas.

(*As luzes se escurecem. O cenário recua*).

CENA 2

Entra Dame Mémoire, consideravelmente rejuvenescida, e fala:

DAME MÉMOIRE: Estás só, meu filho. Só.

GRAAL: A solidão é a sala do trono de um rei estéril. É um celibato com as unhas.

DAME MÉMOIRE: Meu filho... Em meu colo de ninar, tua infância envelhece há muitos anos. Vê! Eles não te conhecem. Eles te repudiam. Teu mistério é a marca de uma pétala na página de um livro. Eles esquecem.

GRAAL: Às Cruzadas! Às Cruzadas!

DAME MÉMOIRE: As cruzes são, há muito tempo, o álibi de um deus. Eles não crucificam: devoram. Júpiter Tonante despede raios ultravioleta. O raio x é a incógnita de uma equação cordial: eletrocardiograma, dizem. Um maremoto se organiza a beira-cílios, e os cristais osmóticos se confundem com os cristais de neve. Qual o lobo, sob tantas ovelhas de pele? Ouve, ouve a Vox Populi, e vê se há lugar para ti num mundo que subloca os Lugares Comuns e estataliza os Estados de Coisas.

Trazem para a cena a Vox Populi. Não é uma personagem. É personagens. De fato, um alto-falante cingido por uma coroa de louros e disfarçado por um véu negro. Sua posição é muito difícil.

Vox Populi transmite um diálogo de mulheres:

1ᴬ MULHER: Eu ontem saí com o P. Fomos a um cinema, e depois dançar. Depois, você sabe... Na volta comemos um churrasco. Estava delicioso.

2ᴬ MULHER: Você tem sorte. O P é muito mais bonito que o P'.

1ᴬ MULHER: Você não imagina como eu sou sensível. Não posso ver certas coisas: isso agora. As comungantes. Os véus brancos. Eu adoro os véus brancos. Quando me casar usarei

graal, legenda de um cálice
haroldo de campos

metros, quilômetros V é é é é u s. (*Termina num ruido confuso.*)

DAME MÉMOIRE: Meu filho!

Vox Populi transmite um diálogo de homens:

1º HOMEM: Eu ontem saí com a L. Ela queria ir a um cinema. Fomos. Depois, quis dançar. Fomos. Depois, você sabe... Na volta ela comeu um churrasco. Achou delicioso.

2º HOMEM: Você tem sorte. Os seios da L são maiores que os da L*.

1º HOMEM: Um objeto fora do lugar? Você não imagina como eu sou meticuloso. Não gosto de ver coisas assim. Quando eu me casar, dedicarei os domingos a isso. Os sábados também. Quero ver tudo em ordem. Um lar é ver todas as coisas em ordem. Em Ó ó ó r d e m. (*Termina num ruído confuso.*)

DAME MÉMOIRE: Meu filho!

Vox Populi transmitindo uma cena doméstica:

A CRIANÇA: Mamãe, há pássaros no telefone? Quando ele tilinta é um canário de cristal. Depois zumbe como um enxame de vespas de ferrugem...

A MÃE: Não diga isso, minha filha... O telefone é um aparelho.

O PAI (*conciliador*): Um aparelho muito simples. Um eletroimã, uns fios, uma campainha. Vou desenhar para você olhe... (*O mesmo ruído.*)

DAME MÉMOIRE: Estás só, meu filho. Completamente só.

GRAAL: Sibila sempermurmurante. Deixa-me. Não preciso de aias. Eu sou o órfão sem colo de ninar. Estou só com minha coluna vertebral, só com minhas cristas digitais, só com meu plexo solar, e minha artéria femoral, e a plúvia raquidiana. E há ainda o Grande Simpático que mimetiza os meus gestos como um cão noturno. Logo a solitude é a pedra lapidada do minério solidão. Como vês, não estou só.

DAME MÉMOIRE: Pobre filho... Eu sou a fina flor das lendas. A garganta. Eu reitero. Colada à gárgula de uma catedral, esperava o fluxo das areias mnemônicas. Mementomaterna. És o herdeiro-presuntivo, e as sintaxes evoluindo em corpos de combate estrugem os martelos-de-guerra. Vozes de provença bordam-te um coração em púrpura real. Que esperas? Eles te rejeitam... Elas te rejeitam...

GRAAL: Deixa-me. Estou farto de teu resmungo de séculos, carpideira. Volta à pia-máter, debruça-te sobre teu oráculo, sibila. No abdome da aranha esgotou-se o ponto canceroso que produz a seda.

DAME MEMOIRE: Vou-me. Mas que farás? Ouviste a Vox Populi. Eles/Elas te ostracizam. Eles/Elas te sublunam. Ou irás para uma feira, com guizos amarrados à língua? Dize-me, que farás?

GRAAL: Eu não faço, Eu me em mimmesmo...

(*Saem.*)

CENA 3

CORO I: Se Vossa Excelência permite.

CORO II: Se Vossa Eminência permite.

CORO I: Se Vossa Rutilância me faz o favor.

CORO II: Se Vossa Munificência me faz o obséquio.

graal, legenda de um cálice
haroldo de campos

CORO I: Se Vossa Austeridade me dá a honra.

CORO II: Se Vossa Vetustez me faz a graça.

Entram ambos os Coros fazendo-se mesuras. Ao fundo, entra Aurea-musa e dirige-se para Graal.

AUREAMUSA: Eu te amo.

GRAAL: Amas? (*Como que despertando.*)

AUREAMUSA: Sim, te amo. Chama-me como me chamavas.

GRAAL: AUREAAMUSARONDINAALÚVIA.

AUREAMUSA: Assim. Uma crispação de digitalis como um rouxinol sob minha pele. Um músculo canta como a clave do verão. E a primavera começa na curva do meu jarrete.

GRAAL: Mas sentes a ave do meio dia que bica o tímpano azul do céu? Sentes uma força nas espáduas que é um cântaro de água no apogeu da canícula? Sentes...

AUREAMUSA: Sinto que minhas mãos primaverizam o tato. O olfato é um rei núbio e eu nunca o supus tão cheio de aljôfares. No pavilhão dos meus ouvidos as conchas se inspiram para seus currículos de coral. Nunca vi tantas rosas sob minhas unhas.

GRAAL: Eu te amo. A mim te amo. Te me amo.

AUREAMUSA: Descubro mel nos alvéolos da palavra amor. Meu corpo é uma varanda irrigada por capilares de perfume. Se desço às minhas entranhas encontro a madrepérola em seus labores de pérola.

GRAAL: Lacustre como um menino que hipnotiza o mar.

AUREAMUSA: Real como um tigre que caça mosqueado de assas-sinato.

GRAAL: Meu nome é uma Taça. Bebe...

AUREAMUSA: Minha boca é uma ninfa narcisando-se no espelho do beijo.

GRAAL: Às mímicas do beijo.

AUREAMUSA: Vem. Quero repetir-te ao infinito na violíngua das violas-d'amor.

GRAAL: O Mícron e o Mácron são apenas os extremos de um mesmo caminho. Minha pele desvaira como um pluviômetro apanhado no seio de um tufão. Meus pulmões balizam. A óptica não explica o pigmento violeta que as retinas puxam em suas redes. AMO!

AUREAMUSA: Digo: canteiros! E papoulas opiômanas florescem na derme. Canteiros! E a epiderme é camélias rivalizando uma brancura de arminhos. Meus seios conhecem a liturgia das fases e plenilunam. Ah, os pulsos espreguiçando rainhas. O mênstruo curvo como a cimitarra que veda um serralho!

GRAAL: Meu nome é um Cálice. Bebe.

AUREAMUSA: Pássaros lantejoulas luminares candelabros malabares acrobatas quincúncios incunábulos crisólogos kiriales actínias polinuros e os berberes os báculos as bocas tudo se resume no duplo voo de aa do teu nome: GRAAL!

GRAAL: Núpcias! E a púrpura, na última volta de sua garganta, é um tornassol de fanfarras. Um girassol de cigarras. Uma peça de púrpura que se rasga quando caem as baixelas. Núpcias!

CORO I: Eles se amam!

CORO II: Amam? E amar é esse ódio salgando a água das vogais? Eu também amei.

graal, legenda de um cálice
haroldo de campos

CORO I (*corando*): E eu... Minha lua de mel em Barrigópolis...

CORO II: E a minha em Pucelândia!

CORO I: Eu trouxe uns *souvenirs*... Uma xícara furtada ao hotel (*ri*).

CORO II: Eu um postal... um prato pintado (*mostra*). Não fossem as moscas...

CORO I: Hoje não tenho tempo... Mas não esqueço de um aniversário de casamento. Isso nunca!

CORO II (*pensativo*): Comemorarei minhas bodas de prata. Hei de comemorar minhas...

CORO DOS IGUAIS (*surgindo do improviso*): Há traças no mel das luas de mel. Eles se amam.

CORO I: E amar é esse vitríolo?

CORO II: Esse álcali?

[Ilegível]

CORO DOS IGUAIS: Dizei – esse topázio como um laranjal que se cauteriza. Eles se amam!

CORO I E CORO II: E nós, que faremos? (*À parte*) Nossos técnicos que não descobrem... Amam.... Que faremos?

CORO DOS IGUAIS: Comer. A única solução que vos resta é comer.

CORO I E CORO II: Sim, a comida. Temos fome. Servos, preparai o banquete. Ouçam todos – vamos correr as listas para o banquete. (*Saem e entoam*) Temos notas de QUINHENTOS, temos notas de MIL. Tudo pela grandeza do Brasil.

GRAAL E AUREAMUSA (*vindo para a frente da cena*): O amor, em nossos olhos, aprende a falar como um menino.

(*Cai o pano.*)

CENA 4

O banquete posto numa grande mesa. Vitualhas. Carnes. Molhos. Fumaças.

CORO I: Eu prefiro a moela.

CORO II: E eu gosto do molho pardo. Acaricia-me as papilas como uma gravura obscena.

CORO I: Este escabeche é uma delícia... macio...

CORO II: Gosto das ostras. Sabem-me como a minha própria saliva.

CORO I: As empadas.

CORO II: A alcachofra... É preciso ter-se ciência: o centro é volúvel. Como uma vulva!

CORO I: Pastéis pus podres.

CORO II: Passa-me as empadas.

Entram Graal e Aureamusa abraçados.

GRAAL E AUREAMUSA: Núpcias. Um cortejo tão violento que poliniza a alcova das rosas.

Uma rosa tão casta que em sua alcova cai neve.

COROS I E II (*fingindo que não ouvem e falando cada vez mais alto*): Os miolos à doré!

O fígado à grelha!

GRAAL E AUREAMUSA: Uma neve tão alva que a noite caminha sobre minas de prata.

COROS I E II (*gritando*): Os brindes! Os discursos! É a hora das saudações. Ninguém faz anos??

graal, legenda de um cálice
haroldo de campos

GRAAL: Núpcias. E a prata é tão fria que faz ver a MORTE a um adolescente que dorme sob o duplo arco de plumas da Bem--Amada... MORTE com seu perfil de prata.

COROS I E II (*una voce*): MORTE!!! Quem ousa falar de Morte neste momento solene!

CORO I (*recuperando a cabeça*): Eu estou vivo. Eu estou inteiro.

CORO II (*recuperando os braços*): Vivo até a coroa dos meus dentes!

CORO I: Vivo até a sola do meu pé esquerdo!

CORO II: Estamos vivos. Eu como (*engole uma garfada*).

CORO I: Eu não deduzi a Morte do meu Imposto de Renda.

CORO II: Meus técnicos não estudaram o problema...

GRAAL: A MORTE? É a face da Bem-Amada quando está na penumbra. É a borda dos seus cílios quando tendem para o infinito. Quem, desnascendo, não a descobre, filomela bordando uma linha violeta?

CORO I E CORO II (*em uníssono*): Mastigar 35 vezes. Não falar durante as refeições. Mastigar 35 vezes etc.

Entram Dame Mémoire, Messire Le Mot e Todaluz.

MESSIRE LE MOT (*dirigindo-se ao público*): Ouviram? Ele não me deixa. Solidão, amor, morte, tudo é pretexto. Não posso ficar em paz. Não consigo ser breve. Eu era o verbo no princípio. Hoje só me interesso por negócios. O que ele quer comigo? (*Exasperado.*) OS PURGATIVOS. OS VOMITÓRIOS. AS PÍLULAS. OS DECOCTÓRIOS... (*Sai.*)

TODALUZ (*em tom mefistofáustico, dirigindo-se ao público. Veste-se como um Mefisto vulgar*): Ele não me serviu, mas não importa.

Ao menos tem senso de humor. A Morte no meio de um banquete... Não fosse o seu nome ... (*Sai.*)

DAME MÉMOIRE (*entra vestida de Morte*): Na pia-máter, a mais interna das membranas, eu jazia colada a meu oráculo. Ouvi-A. Era a Carpideira que chorava no alarido das feiras. A Loba dos Maus Vaticínios. O polegar sangrando sob os Estados de Coisas. O Lugar Comum tem uma cárie: é Ela. A moeda se enruga como a múmia de um crânio: é Ela. Na vesícula de um galo encontram uma pedra que profetiza. Ela. Fata Morgana, A Moça do Arrabil, a Moira Torta, a Ave na Gávea do Navio.

ELA!

CORO I: Minhas notas, minhas notas. Que faço com as minhas notas?

CORO II (*contando, desalentadamente*): De QUINHENTOS .... De Mil... de QUINHENTOS... De MIL...

Coros I e II dirigem-se para Graal.

CORO I: A mesa está posta. Que faremos com a mesa?

CORO II: Nossos corpos estão inteiros. Que faremos com nossos corpos?

GRAAL: Eu sou GRAAL. Eu não faço. Procuram-me. Eu me....

CORO I: Cornucópias! CIFRÕES! MILHÕES! CIFRÕES!

CORO II: Estas vigílias...

CORO I: ...De corno e cópias... Que faremos com MILHÕES? Que faremos com CIFRÕES? CIFRÕES... CIFRÕES... CI...

GRAAL (*para Aureamusa*): Eu me eu te eu se eu si... Eu meemmim eu me em ti eu me em si...

graal, legenda de um cálice
haroldo de campos

COROS I E II   (*em uníssono*): No princípio era o CI...

Erguem, em tumulto, grandes cifrões recortados em papel metálico.

GRAAL: Eu meemmimtimesmo... SI...

GRAAL E AUREAMUSA (*a duas vozes*): SIM! SI.

      Marsupialamor   mam

      ilos de lam

      preias   presas   cani

      ino   am

      or

      turris   de   talis

      man

      gu   (LEN)

      tural   aman

      te   em   te

      nebras   febras

      de   febr

      uário   fe

      mural   mor

      tálamo   t'

      aurifer

      OZ : e

              foz

      paz

              ps

                    CIO

                         SIM!

**FAC-SÍMILE
DO DATILOSCRITO DA PEÇA**

GRAAL

LEGENDA DE UM CÁLICE

BUFOTRAGÉDIA MEFISTOFÁUSTICA

Mefistofarsa bufotrágica

em 2 ATOS
e CENAS

h.campos.
nov/52/1-4

TÁBUA DE PERSONAGENS

GRAAL

{ ÁUREA — o mesmo, em dois tempos
{ ÁUREAMUSA

DAME MÉMOIRE

MESSIRE LE MOT

(TODALUZ — o mesmo, em dois tempos
(LUCIPHALUS

TINNULA

VOX POPULI

COMPARSAS

CÔROS

O DOS IGUAIS

O DOS HOMENS SEM CABEÇA (I)

O DOS HOMENS SEM BRAÇOS (II)

graal: fac-símile do datiloscrito da peça   47

ATO I

C E N A I

Cenário: Ao Centro uma intensa luz azul. Poderemos chamar êsse lugar de GLAUX: aí se move
o Côro dos Iguais.
À Esquerda: um decór de folhas de jornal e notas de banco. À Direita: idem. Postas
de carne ensanguentada respingam as notas e os jornais. O Côro dos Homens sem cabeça, e o Côro dos Homens sem braços,vestidos como o nome indica.

O CÔRO DOS IGUAIS: -   Homens de negócio. Capitães de indústria. Poderosos fabricantes de
soquetes de matéria plástica: Êle nasceu.

CÔROS I e II   Uhmm !

C. dos IGUAIS   Estranhais que Êle possa nascer, ó Notáveis, em Vosso Mundo de Corações
pasteurizados e Preventivos Malthus Além?

CÔRO I   Nós temos notas de QUINHENTOS. Temos notas de MIL
Tudo pela grandeza do Brasil!

C. DOS IGUAIS   Ficai com vossas postas de QUINHENTOS (apontando para os pedaços de carne)
Êle nasceu.

CÔRO II   Mas, e os nossos Balancetes nos jornais, não estão corretos? O nosso
precioso anonimato não está mantido? Somos ou não somos os S/A?

C. DOS IGUAIS   Êle nasceu.

CÔRO I e CÔRO II   (reúnem-se e confabulam por traz do C. DOS IGUAIS)

Demitiremos o Contabilista-Chefe!
Demitiremos o Legista-Chefe!
Demitiremos....
Ah! O massacre das crianças: um dedo na fontana bregmática!

C. DOS IGUAIS: Nasceu e seu nome...

CÔRO I e CÔRO II   (em uníssono): EUREKA!
Nascido, que poderá fazer contra o filamento de tungstênio que
incandece no bulbo das lâmpadas elétricas?
Arrastado à cauda dos cavalos-vapor que poderá fazer?
Alguém lhe prestará atenção quando os pássaros submissos das ondas
hertezianas sintonizarem o Amor junto ao anúncio de um porta-seios?

CÔRO I   Se nasceu, lavo minhas mãos. Servos: um manilúvio.

CÔRO II   (ligeiramente perturbado). E Eu lavo meus pés. Servos: um pedilúvio.

                 Trazem bacias com notas de quinhentos e retalhos
comerciais de jornais, e Êles o fazem.

C. DOS IGUAIS   Seu nome será GRAAL , por ser o mais puro, e conter sua fôrça em
dois aa, como o sangue nas aurículas do coração.

48

CENA I Um Escritório. Mesa imensa. GRAAL surge meio afogado numa pilha de papéis. A luz é amarelo-palha, e, todo o tempo, as máquinas de escrever tricotando o seu chôro.

RAAL Nascido, eu envelheço de cem anos .

AME MÉMOIRE X (surgindo vestida como uma balada de Charles d'Orléans. Ou antes como a teia de uma aranha de vidrilhos luminosos)

Eu sopro nas tubas do tempo. Minhas histórias se enrolam como o nácar que elabora o náutilus e o múrex turriforme. Não me conheces: eu me repito!

RAAL Dame Mémoire. A mementomaterna. A Incrível Prestidigitadora de O- X nirosas! Quem não te conhece? Eu, nascido, desde cem anos. Na Pia Máter, a mais interna das membranas, teu jôgo de vidrilhos pérola.

8 COMPARSA Vim buscar os Arquivos

o COMPARSA Os anos de 1929, 1930, 1931, etc

RAAL Os Arquivos (revolve uma pilha imensa de papéis) — Quem não te conhece, naja vertebral, encostando, à altura da cerviz, tua fina cabeça de mercúrio, velha ciranda?

DAME MÉMOIRE Êles pedem os Arquivos e tu olhas para dentro de ti mesmo, Infeliz. Quando acabarão estas vigílias de côrno e cópias? Menino à falta de aias. Infeliz!

2 COMPARSA Aqui estão.

2º COMPARSA Pronto. Achámos os Arquivos (Sáem).

GRAAL Eu penso o GLADÍOLO. Logo os gládios me atormentam. E Gláux é a cor do Mar de papilas imensas. O Mar é uma língua azul. Meu processo se chama: a Decomposição do átomo-verbo. Por êle as nações não enviam seus espiões: silenciam. E o Silêncio é para mim um cão que se uiva à Lua, ou a lua que uiva a um Cão. O mesmo. A Lógica, como a palma da mão, escreve por linhas tortas.

DAME MÉMOIRE Eu sou a Mémória, a que não esquece. Colada à gárgula de uma Catedral esperei todo êsse tempo. Que esperas, diziam? E eu: algures uma óstra, no oceano mais fundo, sente o câncer de uma pérola.

RAAL Graal... O meu nome é estranho, não achas? É como um cálice, como a ápice de um cristal cuja base a jaça começou a roer. Como um sangue aquilino.

1º COMPARSA Arquivista, um Senhor quer vê-lo. Posso faze-lo entrar?

RAAL (atrapalhadíssimo com a pilha de papéis) Como?

1º COMPARSA (Entrega-lhe um cartão): (lê:)

```
I                              I
I   MESSIRE LE    MOT          I
I      comerciante de          I
I      seccs  e molhados       I
I   - S E J A  B R E V E -     I
```

(à parte)
"Messire Le Mot? despicienda francesia.

DAME MÉMOIRE (Que se colocara por traz de GRAAL e o envolve em sua teia)

Não o recebas. Eu o conheço sob qualquer nome. No princípio, era o Verbo. Agora ridiculariza o meu ar de balada. Farçante. Por muito menos lhe cravaria uma agulha na língua.

GRAAL	Cala-te! Fecha essas asas de morcêgo. Poupa teus fios, Aracne. Vai-te!
DAME MÉMOIRE	Eu sou a Memória, a que não esquece...Eu sopro nas tubas do Tempo... Meu hálito amamenta as fábulas...
GRAAL	(furioso) Vai-te.

(Entra M. Le Mot, vestido de fraque, com um enorme relógio suspenso ao ventre, e, nas costas, um dístico pregado: TIME IS MONEY)

C E N A III

M. Le Mot	Apresento-me. Messire Le Mot, Negociante.
GRAAL	Muito pezar. GRAAL, cálice.
M. Le Mot	(polido) Vim propor-lhe um negócio. Um pequenino "affaire".
GRAAL	?
M. Le Mot	Entremos sem rodeios no assunto. Desculpe, é da profissão, sou Negociante.
GRAAL	?
M. Le Mot	Há muito tempo que a sua presença me incomoda. Como sabe, sou Negociante estabelecido aí em frente. Vendo por atacado e a varejo. Me. Mas, ao ver pela vidraça, sempre em meio a papéis, sempre iluminado, e ao mesmo tempo escuro, me pergunto: Porque não mel deixa em Paz? Quisera levantar os olhos e contemplar um horizonte neutro: sêco e molhado. Mas o Senhor não deixa. Faz-me suar. Os meus poros nunca se fecham. Outro dia até comprei um decoctório.Eu sou simples, procuro tornar as coisas simples...Quer trabalhar comigo?

. . .

50

RAAL: Os tigres. Os tigres-de-dentes-de-sabre.

(começando a enervar-se)

assire LE MOT: Detesto as línguas mortas. Uma línguamorta é uma ondina abissal,cujos olhos suportam uma pressão atmosférica tão grande que sob ela se ouve o canto dos metais escravizados trabalhando a medula do planeta.

RAAL: Um jugo suave. Suave como a cauda do lambda, sereia que se desnuda sob o véu palatino. Lâmpadas!

LE MOT: Velas. Estão mortas.

RAAL: Obsequioso Senhor: onde guardam os restos do banquete os que comem em Tuas mãos a ração cotidiana? Onde guardam o lixo de Tua saliva os que se contentam com a Tua moeda corrente?

LE MOT: (irônico): Lixo! Lixeiro de restos do Azul, o que és. Sempre raspando. Coletor de palavras.

RAAL (humilde): As palavras sob as unhas se escondem como grifos. Elas são de uma família antiga, não°sabes? Vi a sua linhagem escurecendo de abelhas um céu infinito. Vi os seus maiores espiando sob as pálpebras das rosas. Um dia um pássaro pousou-me na mão e sua garganta era uma palavra. Rouxinol: não ouves um sol turvado de ametistas gorgear nesse nome?

LE MOT (subitamente formalizado): Surdo. Completamente surdo. Pobre Cavalei- X armado para andanças de moinhos e arcoíris. Eu ✝um Senhor de Negócios. O preço do diamante sei dizer: em bruto ou lapidado?

RAAL O diamante é um príncipe albino que dissipa em um dia a luz de um povo que se encerra em cavernas: os carvões-de-pedra.

LE MOT (conclusivo): Basta. O diamante é o diamante. Time is money. Só me in- teresso por negócios. (Sai).

RAAL: Turmalina. Tour Maligne. Tur Mal Ígnea. Tahr Ántula. Aaaaaaaaaar!

(Cai)

CENA IV

NULA(uma criança com um chapéu de estrêlas)

Eu os ví (ri-se)

O I A Quem?

NULA Êle e Ela

O II Êle e Ela?

NULA O moço de coração iluminado e a moça que vai para a festa.

O I GRAAL e...

O II (Brutal) Êle está apaixonado

NULA De mãos dadas formavam arcos de aves-íris

O I Por falar em paixão, meus técnicos estão pesquisando um preventivo para isso...

O II Cala-te. Primeiro afogá-lo em papéis... Foi idéia minha, não?

graal: fac-símile do datiloscrito da peça　　　　　　　　　　　　51

ORO I	Ótima idéia!
ORO II	E agora...apaixonado!
ORO I	Mandarei suspender a fabricação dos rouxinóis mecânicos... Afinal, o produto pode não ter saída.
ORO II	Sim, e agora poderei gozar em paz o meu week-end. (Perturbando-se) Eu coleciono selos, sabes?
ORO I	(Também perturbado) E...E eu figurinhas coloridas.
ORO II (explicativo)	Um "hobby" para o excesso de trabalho. Há os que juntam caixas de fósforo, carteiras de cigarro, rótulos de vinhos, e até fios de barba, lâmpadas velhas, tampinhas de cerveja...
ORO I (compreensivo)	...ou mís artísticos
INNULA	Vêmvindovêmvindo
ORO I	O que não suporto é êsse maldito colecionador de palavras...Colecionar palavras é o mesmo que colecionar vísceras.
ORO II	O Código de Ética diz: "Colecionar palavras, verbi gratia: comê-las, titilá-las, ou expô-las em lugares indecorosos é contra a Ordem Pública".
ORO I	...é o mesmo que exibir nas ruas as partes vergonhosas!
ORO II	(graviloquente) As Famílias! Pudendum!
INNULA	Dando-se as mãos formam aves de arco-íris.

> Entram GRAAL e AUREAMUSA, o primeiro reconhecível
> por sua vestimenta em forma de coração, a segunda
> parecendo um bric-à-brac barrôco.

RAAL	Áureamusarondinaalúvia
AUREA	Meu nome é Áurea.
RAAL	Teu nome é um políssilabo que bebe em meus lábios e se rejuvenesce como um cristal sédigo. Não sentes, na crossa da aorta, um candelabro de mil braços que ilumina todo o sangue? Eu amo, eu te amo, eu me amo. Eu amo. Eu te/me. Amo!
AUREA	Vamos ao cinema. Estou cançada. Tenho datilografado muito...
RAAL	Deixa-me sentir teu rosto. O ponto onde a veia jugular irradia seu magistério azul (Beija-a). Teu corpo é uma viagem cuja bússola enlouqueceu. Não ouves o alarido dos piratas mordendo o fio das lendas? Eu te amo. Derramaram ouro em teus ombros e êles se fecham como asas de um incêndio. Tuas pernas são antílopes de espaço...
AUREA	Pstiu, estão nos ouvindo. Deixa-me...
RAAL	voam! Ah! essas ancas que alucinam os tôrnos e prateiam as garupas. Cintura de círculo-vicioso. Teus seios onde o vento se aninha e as velas-búzios. Mar. Um ventre é como o mar. Thálassemar. Tílano.
AUREA	Deixa-me, está muito claro.
RAAL	Em tuas coxas dormem mulheres nuas. Na raíz dos teus cabelos, como copy no fim do arcoíris, há tesouros...
AUREA	Se não queres ir ao cinema, vamos ao "Club Sweet". Estou louca para dançar.
RAAL	(Perdendo o tom lírico, e tornando-se soturno). "Club Sweet". Diuleta de donzelas! pucelábios, vocativos, et periscelides, et murenulas, et olfactoriola, et inaures, et anmilos et gemmas in fronte pendentes...Cotillon de palavras

52

REA   Já te disse que não me fales em línguas que eu não entendo, (chorosa) Não gosto.

AAL   Fica com teu "Club Sweet". Vai-te. Queiras ou não queiras eu te chamarei
AUREAMUSARONDINAALÚVIA

                      (Ela sai)

Entra TINNULA e o vê, sòzinho, olhando para o coração. Canta:

TINNULA   Cirandacirandinha   (Toma-lhe a mão e corre em volta dêle)

AAL   Uma criança não existe (afaga-lhe os cabelos). Uma criança é uma fada de plenilúnio que bebe numa fonte. Minhas têmporas! Sinto uma febre de rosas...

TINNULA   (cantando) O anelquetumedeste

AAL   Uma criança é um fio de vidro. Uma filigrana de vidro. Se me perguntarem onde estou, direi: num jardim onde os gnomos desencantam crianças...

TINNULA   ...eravidroesequebrou

CORO I   Cuidado! De seus dedos saem vírus. Espiroquetas e flagelados, pequeninos demônios de tridentes sulfúreos brotam de seus poros. Cuidado! Precisamos proteger as crianças...

CORO II   (chamando) TINNULA! TINNULA!

                     (Cai o pano)

—— ✕ ——

graal: fac-símile do datiloscrito da peça

ATO II

CENA I

> GRAAL sentado à sua enorme mesa, semi-folgado em folhas de papel. Entra TODALUZ e o arrebata

GRAAL — Quem és?

TODALUZ — (empolgando-o e levando-o para o cimo da montanha)

Lúcifer: eu sou O que Tenta.

GRAAL — O que porta a luz. A Luz o que é? Um côral de vidrilhos? Um espelho ensimesmado? Um grande Poro? Ou um processo solar que se cristaliza? O Espectro: um prisma escamoteando o seu esqueleto de sete-côres.

TODALUZ — Vê: o mundo a teus pés.

GRAAL — Aquelas formigas? Uma vez derrubei um funil de terra, e elas sairam, as Cegas, os milhares, como um labirinto que se desarticula, as Ruivas, comedoras de folha, de sua estação única ladeada de tochas apagadas, as Previdentes.

TODALUZ — Digo: o mundo a teus pés. Também me chamam Luciphalus. Olha aquelas mulheres que se comportam como rios de nylon. As púrpura loura branca amêndoa amara bétula tâmara anís mulheres. És um solitário, não és?

GRAAL — A Solidão? Um bicho-da-seda que segrega a si mesmo: engulo-me pelos dedos.

TODALUZ — São tuas. Seus joelhos são conchas e trabalham. Seus lábios histerizam o escarlate aos gritos. Suas axilas filigranam um ouro libidinoso e adoçam os palpos das aranhas. São minhas. E portanto tuas. Uma água inteiriça passa por seus corpos onde se dessedenta o purosangue dos potros e a corça tomba sob a pata do tigre. Fala!

GRAAL — Meu nome é GRAAL!

TODALUZ — Que te serve êsse nome! Um cálice. Quebra-o. Não te doem os lábios de bebe-lo sempre?

GRAAL — Uma constelação com o meu nome gelaria, exceto duas estrelas.

TODALUZ — Decide. A altivez é um punhal: se te moves fere-te a nuca.

GRAAL — A lira tem duas cordas, e no entanto seus sons vibram como uma colméia.

TODALUZ — Vamos de uma vez. Decide. Estás vendo aqueles, lá embaixo. Anseiam por te receber em seu meio. Os discursos que te prepararam consumiram léguas de papirus. Aquele outro, um comerciante circunspecto, se trabalhares para êle, ganharás em respeito o que êle poupa em noz vômica. Teu peso em ouro. Vamos.

GRAAL — (emudece e olha para as unhas)

TODALUZ — E depois as mulheres. As grandes alvas ûbeis lábeis. Suas máquinas de mansidão. Suas moendas amorosas com vulvas e nenúfares: molham. E os batizados, os epicédios, os natalícios, as comesainas, os diretórios, os esponsais, as prebendas, os jubileus, os onomásticos, as sinecuras, a honra da firma, a honra ao mérito, o honoris causa....

GRAAL — Chega. Não me tentarás. Teu nome não é Luciphalus. É TODALUZ? Eu te conheço. A luz é a irmã albina da treva. A treva é um caráter recessivo, como os olhos azúis. A luz domina.

TODALUZ — (diminuindo e ficando cada vez mais brilhante) Pela última vez, decide.

GRAAL — És altivo. És o Príncipe-Bastardo dos altivos. Antigamente levavas a tocha. Lampadóforo. Não te fica bem essa gíria de camelot: DÚvido,

Vamos...Decida!". Fico com o meu nome. Êle já está amargo: eu o bebo há cem anos. Mas não importa. É uma taça. Seu cristal cola-se a meu lábio como uma pele de vidro. E eu já te disse: se fôsse uma constelação, gelaria, exceto duas estrêlas.

(As luzes se escurecem. O cenário recua).

CENA

Entra Dame Mémoire, consideràvelmente rejuvenescida, e fala:

DAME MÉMOIRE — Estás só, meu filho. Só.

GRAAL — A Solidão é a Sala do Trono de um rei estéril. É um celibato com as unhas.

D.MÉMOIRE — Meu filho... Em meu colo de ninar tua infância envelhece há muitos anos. Vê: êles não te conhecem. Êles te repudiam. Teu mistério é a marca de uma pétala na página de um livro. Êles esquecem.

GRAAL — Às Cruzadas! Às Cruzadas!

D. MÉMOIRE — As cruzes são, há muito tempo, o álibi de um deus. Êles não crucificam: devoram. Júpiter tonante despede raios ultra-violeta. O raio x é a incógnita de uma equação cordial: Eletrocardiograma, dizem. Um maremoto se organiza à beira-cílios, e os cristais osmóticos se confundem com os cristais de neve. Qual o lobo, sob tantas ovelhas de pele? Ouve, ouve a Vox Populi, e vê se há lugar para ti num mundo que subloca os Lugares Comuns e estataliza os Estados de Coisas.

(Trazem para a cena a VOX POPULI. Não é um personagem. É personagens. De fato, um alto falante cingido por uma coroa de louros, e disfarçado por um véu negro. Sua posição é muito difícil)

VOX POPULI — (transmite um diálogo de mulheres):

1a MULHER: Eu ontem saí com o P. Fomos a um cinema, e depois dançar. Depois, V. sabe...Na volta comemos um churrasco. Estava delicioso.

2a MULHER: Você tem sorte. O P é muito mais bonito que o P´

1a MULHER: Você não imagina como eu sou sensível. Não posso ver certas coisas: isso agora. As comungantes. Os véus brancos. Eu adoro os véus brancos. Quando me casar usarei metros kilômetros V é é é é u s
(termina num ruído confuso)

DAME MÉMOIRE — Meu filho!

VOX POPULI — (transmite um diálogo de homens)

1° HOMEM: Eu ontem saí com a L. Ela queria ir a um cinema. Fomos. Depois, quis dançar. Fomos. Depois, V. sabe... Na volta ela comeu um churrasco. Achou delicioso.

2° HOMEM: Você tem sorte. Os seios da L são maiores que os da L´

1° HOMEM: Um objeto fora do lugar? Você não imagina como eu sou meticuloso. Não gosto de ver coisas assim. Quando eu me casar, dedicarei os domingos a isso. Os sábados também. Quero ver tudo em ordem. Um lar é ver todas as coisas em ordem. Em O o o r d e m

(termina num ruído confuso)

graal: fac-símile do datiloscrito da peça

DAME MÉMOIRE   Meu filho!

VOX POPULI   (transmitindo uma cena doméstica) .

　　　　　　　　　A CRIANÇA:　Mamãe, há pássaros no telefone? Quando êle tilinta
　　　　　　　　　　　　　　　é um canário de cristal. Depois zumbe como um enxa-
　　　　　　　　　　　　　　　me de vespas de ferrugem...

　　　　　　　　　A MÃE:　　Não diga isso, minha filha... O telefone é um aparêlho

　　　　　　　　　O PAI　(conciliador):　Um aparêlho muito simples. Um eletro-imã,uns
　　　　　　　　　　　　　　　fios, uma campaínha. Vou desenhar para Você
　　　　　　　　　　　　　　　olhe...

　　　　　　　　　　　　　　　(o mesmo ruido)

DAME MÉMOIRE   Estás só, meu filho. Completamente só.

GRAAL   Sibila sempermurmurante. Deixa-me. Não preciso de aias. Eu sou o ór-
                      fão sem colo de ninar. Estou só com minha coluna vertebral, só com
                      minhas cristas digitais, só com meu plexo solar, e minha artéria /ainda
                      femoral, ea plúvia racuidiana. E há o Grande Simpático que mimeti-
                      za os meus gestos como um cão noturno. Logo a solitude é a pedra
                      lapidada do minério solidão.

　　　　　　　　　　　　Como vês, não estou só.

DAME MÉMOIRE   Pobre filho...Eu sou a fina flor das lendas. A garganta. Eu reite-
                      ro. Colada à gárgula de uma Catedral, esperava o fluxo das areias
                      mnemônicas. Hementomaterna. És o Herdeiro-Presuntivo, e as Sinta-
                      xes evoluindo em corpos de combate estrugem os martelos-de-guerra.
                      Vozes de provença bordam-te um coração em púrpura real. Que espe-
                      ras? Êles te rejeitam... Êles te rejeitam ...

GRAAL .   Deixa-me. Estou farto de teu resmungo de séculos, Carpideira. Vol-
                      ta à Pia-Máter, debruça-te sôbre teu Oráculo, Sibila. No abdômen
                      da aranha esgotou-se o ponto canceroso que produz a seda.
                                                                                  /Elas
DAME MÉMOIRE   Vou-me. Mas que farás? Ouviste a VOX POPULI. Êles te ostracizam. Êles te
　　　　sublunam.   Ou irás para uma feira, com guizos amarrados à língua?
                      Dize-me, que farás?

GRAAL   Eu não faço. Eu me ~~explodilho.~~ *em mim mesmo...*
                      eu.... Guto.
                      eu ....(Exit).

CENA   ───────

CORO I   Se Vossa Excelência permite

CORO II   Se Vossa Eminência permite

CORO I   Se Vossa Rutilância me faz o favor

CORO II   Se Vossa Munificência me faz o obséquio

CORO I   Se Vossa Austeridade me dá a honra

CORO II   Se Vossa Vetustez me faz a graça

　　　　　　　　　　　　(entram ambos os Côros fazendo-se mesuras)

56

Ao fundo, entra Auremusa e dirige-se para GRAAL

AUREAMUSA — Eu te amo

GRAAL — Amas? (como despertando)

AUREAMUSA — Sim. Te amo. Chama-me como me chamavas

GRAAL — AUREAMUSARONDINAALÚVIA

AUREAMUSA — Assim. Uma crispação de digitalis como um rouxinol sob minha pele. Um músculo canta como a clave do verão. E a primavera começa na curva do meu jarrete.

GRAAL — Mas sentes a ave do meio-dia que bica o tímpano azul do céu? Sentes uma fôrça nas espáduas que é um cântaro de água no apogeu da canícula? Sentes...

AUREAMUSA — Sinto que minhas mãos primaverizam o tacto. O olfato é um rei núbio e eu nunca o supus tão cheio de aljôfares. No pavilhãodos meus ouvidos as conchas se inspiram para seus currículos de coral. Nunca vi tantas rosas sob minhas unhas.

GRAAL — Eu te me amo. À mim te amo. Te me amo

AUREAMUSA — Descubro mel nos alvéolos da palavra Amor. Meu corpo é uma varanda irrigada por capilares de perfume. Se desço às minhas entranhas encontro a madrepérola em seus labores de pérola.

GRAAL — Lacustre como um menino que hipnotiza o mar.

AUREAMUSA — Real como um tigre que caça mosqueado de assassinato.

GRAAL — Meu nome é uma Taça. Bebe.

AUREAMUSA — Minha boca é uma ninfa narcisando-se no espêlho do beijo.

GRAAL — Às mímicas do beijo.

AUREAMUSA — Vem. Quero repetir-te ao infinito na violíngua das violas-d'amor.

GRAAL — O Mícron e o Mácron são apenas os extremos de um mesmo caminho. Minha pele desvaira como um pluviômetro apanhado no seio de um tufão. Meus pulmões balizam. A ótica não explica o pigmento violeta que as retinas puxam em suas redes. AMO!

AUREAMUSA — Digo: canteiros! E papoulas opiômanas florecem na derme. Canteiros! E a epiderme é camélias rivalizando uma brancura de arminhos. Meus seios conhecem a liturgia das fases e plenilunam. Ah os pulsos espreguiçando rainhas. O menstruo curvo como a cimitarra que veda um serralho!

GRAAL — Meu nome é um Cálice. Bebe.

AUREAMUSA — pássaros lantejoulas luminares candelabros malabares acrobatas quicúncios incunábulos crisólogos kiriales actínias poliquiros é os berberes os báculos as bocas. tudo se resume no duplo vôo de aa do teu nome:GRAAL!

GRAAL — Núpcias! E a purpura, na última volta de sua garganta, é um tornasol de fanfarras. Um girassol de cigarras. Uma peça de púrpura que se rasga quando caem as baixelas. Núpcias!

CÔRO I — Êles se amam!

CÔRO II — Amam? E amar é êsse ódio salgando a água das vogais? Eu também amei.

CÔRO I — (corando) E eu... Minha lua-de-mel em Barrilópolis...

CÔRO II — E a minha em Arilândia! Pucolândia!

CÔRO I — Eu trouxe uns "souvenirs"... Uma chícara furtada ao hotel (ri)

CÔRO II — Eu um postal... um prato pintado (mostra). Não fôssem as moscas...

CÔRO I — Foje não tenho tudo... Mas não esqueço de um aniversário de casamento. Isso nunca!

CÔRO II — (narrativa) Comemorarei minhas bodas de prata. Comemorarei minhas

graal: fac-símile do datiloscrito da peça

CÔRO DOS IGUAIS — (surgindo de improviso).

Há traças no mel das luas-de-mel. Êles se amam.

CÔRO I — Me amar é êsse vitríolo?

CÔRO II — Êsses álcalis?

CÔRO DOS IGUAIS — Dizei: êsse topázio como um laranjal que se cauteriza. Êles se amam!

CÔRO I e CÔRO — E nós que faremos? (à parte) Nossos técnicos que não descobrem... AMAR...Que faremos?

CÔRO DOS IGUAIS — Comer. A única solução que vos resta é comer.

CÔRO I e CÔRO II — Sim, a comida. Temos fome. Servos, preparai o banquete. Ouçam todos: vamos correr as listas para o banquete.

(Saem e entoam: Temos notas de QUINHENTOS, temos notas de MIL Tudo pela grandeza do Brasil.)

GRAAL e ÁUREAMUSA (vindo para a frente da cena)

O amor, em nossos olhos, aprende a falar como um menino.

(cai o pano)

CENA (o banquete posto numa grande mesa. Vitualhas. Carnes. Molhos. Fumaças)

CÔRO I — Eu prefiro a moela

CÔRO II — E eu gosto do molho pardo. Acaricia-me as papilas como uma gravura obscena.

CÔRO I — Êste escabeche é uma delícia... macio...

CÔRO II — Gosto das ôstras. Sabem-me como a minha própria saliva

CÔRO I — As empadas

CÔRO II — A alcachofra... É preciso ter-se ciência : o centro é volúvel. (Como uma mulher!)

CÔRO I — Pastéis pús podres

CÔRO II — Passa-me as empadas

(Entram GRAAL e ÁUREAMUSA abraçados)

Núpcias. Um cortejo tão violento que poliniza a alcôva das rosas. Uma rosa tão casta que em sua alcôva faz neve.

CÔROS I e II — (fingindo que não ouvem, e falando cada vez mais alto)

Os miolos "à doré"
O fígado à grelha

GRAAL e ÁUREAMUSA — Uma neve tão alva que a noite caminha sôbre minas de prata

CÔROS I e II — (gritando) Os Brindes! Os Discursos! É a hora das saudações. Ninguém faz anos??

GRAAL — Núpcias. E a prata é tão fria que faz ver a MORTE a um adolescente que dorme sob o duplo arco de plumas da Bem-Amada. A MORTE com seu perfil de prata.

CÔRO I e CÔRO II — (una voce): MORTE!!!
Quem ousa falar de Morte nêste momento solene!

CÔRO I — (recuperando a cabeça) Eu estou vivo. Eu estou inteiro.

CÔRO II — (recuperando os braços): Vivo até a corôa dos meus dentes!

Vivo até a sola do meu pé esquerdo!

CORO II	Estamos vivos. Eu como. (engole uma garfada)
CÔRO I	Eu não deduzi a Morte do meu Imposto de Renda
CÔRO II	Meus técnicos não estudaram o problema...
GRAAL	A MORTE? É a face da Bem-Amada quando está na penumbra. É a borda dos seus cílios quando tendem para o infinito. Quem, desnacendo, não a descobre, filomela bordando uma linha violeta?
CÔRO I e CÔRO II	(em uníssono) Mastigar 35 vezes Não falar durante as refeições Mastigar 35 vezes etc

(entram DAME MÉMOIRE, M. LE MOT, e TODALUZ)

M. LE MOT	*Eu sei o verbo no princípio. Hoje só me interessa...* (dirigindo-se ao público) Ouviram? Ele não me deixa. Solidão, amor, morte, tudo é pretexto. Não posso ficar em paz. Não consigo ser breve. Só me interesso por negócios. O que ele quer comigo? (exasperado) OS PURGATIVOS OS VOMITÓRIOS AS PÍLULAS OS DECOCTÓRIOS.. (Exit)
TODALUZ (em tom mefistofáustico)	(dirigindo-se ao público. Veste-se como um MEFISTO vulgar): Êle não me serviu, mas não importa. Ao menos tem senso de humor. A Morte no meio de um banquete... Não fôsse o seu nome ... (Exit)
DAME MÉMOIRE	(entra vestida de MORTE) Na Pia-Máter, a mais interna das membranas, eu jazia colada a meu oráculo. Ouvi-A. Era a Carpideira que chorava no alarido das feiras. A Loba dos Maus Vaticínios. O polegar sangrando sob os Estados de Coisas. O Lugar Comum tem uma cárie: é Ela. A moeda se enruga como a múmia de um crânio: é Ela. Na vesícula de um galo encontram uma pedra que profetiza. Ela. Fata Morgana, A Moça do Arrabil, a Moira Torta, a Ave na Gágea do Navio ELA!
CÔRO I	Minhas notas, minhas notas Que faço com as minhas notas?
CÔRO II	(contando, desalentadamente) De QUINHENTOS ....DE MIL...De QUINHENTOS...de MIL
AMBOS	(dirigem-se para GRAAL)
C. I	A mesa está posta. Que faremos com a mesa?
C. II	Nossos corpos estão inteiros. Que faremos com nossos corpos?
GRAAL	Eu sou GRAAL. Eu não faço. Procuram-me. *Eu me....*
CORO I	Cornucópias! CIFRÕES! MILHÕES! CIFRÕES!
CORO II	Estas vigílias...
CORO I	de corno e cópias... Que faremos com MILHÕES? Que faremos com CIFRÕES? CIFRÕES...CIFRÕES... CI...
GRAAL	(para AUREAMUSA) *Eu me eu te eu te eu si...* *Eu me mim eume om te eu me eu si...*

graal: fac-símile do datiloscrito da peça

COROS I e II (uníssono)   No princípio era o CI...   *(se queiu em tumulto)*
graudis cifras
recortadas em
papel metálico)

GRAAL   Eu meemmimtimesmo... SI...

GRAAL
  e   (a duas vozes) SIM!   SI
AUREAMUSA   marsupialamor mam
                                 ilos de lam
                                 préias presas cani
                                 ino am
                                 or
                                 turris de talis
                                 man
                                 gu   (LEN)
                                 tural amam
                                 te em te
                                 nebras febras
                                 de   febr
                                 uário fe
                                 mural mor
                                 tálamo t'
                                 aurifer
                                 oz : e
                                        foz
                                 paz
                                        ps
                                              CIO

                                                    SIM!

— x —

HAROLDO DE CAMPOS E O TEATRO

J. Guinsburg

A relação de Haroldo de Campos com o teatro tem sido vista como um fato recente e menos relevante no âmbito de sua atividade criadora. Com efeito, o itinerário do poeta não assinala aparentemente encontros marcantes com a arte do palco. Poder-se-ia evocar como contraexemplo os vários eventos – e, a bem dizer, eles não foram raros – em que Haroldo de Campos em público apresentou a sua produção e as suas concepções. Mas tais aparições, com maior ou menor aproximação aos espetáculos que buscam um contato comunicativo e participativo sob a forma de *happenings*, performances, eventos, exposições, récitas e conferências, são comuns às manifestações das vanguardas, desde o futurismo, tanto na poesia quanto na pintura e na música. E, ainda que contenham um forte componente teatral, nem sempre indicam uma incursão mais estrita nas realizações do palco. Na verdade, se não houver engano, no que tange particularmente ao criador das *Galáxias*, o primeiro cruzamento que poderia sinalizar um vínculo mais íntimo com o universo da representação dramática e sobretudo o da teatralidade é o que se deu com a encenação, por José Celso Martinez, de *O Rei da Vela*. Já àquela altura promotor conhecido, e apaixonadamente discutido, de uma nova linguagem poética, o concretismo, Haroldo de Campos foi chamado a contribuir criticamente e a intervir nas discussões que acompanharam os ensaios e a exibição dessa montagem cenicamente revolucionária, e hoje histórica, quer por trazer à evidência as potencialidades teatrais de uma dramaturgia relegada pela crítica à irrepresentabilidade no palco, quer por instaurar o espaço cênico de uma ousada renovação do estilo de montagem no teatro brasileiro. Não obstante isso, o interesse de um dos principais paladinos da campanha de releitura e revalorização da obra oswaldiana seria explicável, julgou-se, tão somente por sua preocupação com tudo o que dissesse respeito à personalidade e às criações do inventor de *Serafim*, tratando-se, pois, de um envolvimento antes literário e crítico ou, quando muito, de uma afinidade estética.

Novo contato de Haroldo de Campos com o teatro deu-se muitos anos depois, a propósito de um texto bíblico, os versículos do *Gênese*, transcriados pelo poeta brasileiro. Bia Lessa sentiu-se tentada a encenar o texto e pôs-se a trabalhar com o poeta-tradutor no projeto, que veio a constituir-se em *Bere'shit/A Cena da Origem*. Dessa vez, tampouco, a focalização fundamental, pelo menos de início, havia sido o palco. Mas, ainda assim, cabe assinalar uma mudança no caráter da relação. O engajamento do escritor com o trabalho

haroldo de campos e o teatro

j. guinsburg

de teatralização foi bastante estreito, não apenas do ponto de vista da adaptação teatral do poema, mas principalmente sob o ângulo da versão cênica.

Em que conte o esforço básico da encenadora para traduzir de uma linguagem para outra a composição bíblica, e o que isso exigiu não foi pouco devido à própria natureza do relato e à rarefação religiosa e quase metafísica do discurso hebraico que lhe dá forma, tão expurgado de metáforas e dramaticidade míticas, tornou-se perceptível o aporte do poeta na transcrição teatral. Para os que puderam acompanhar de algum modo essa elaboração conjunta, ficou evidente o fascínio que o criador literário começava a sentir ante a metamorfose ensejada pelo palco, permitindo-lhe transmutar a palavra, de sua abstrata solidão sonora, em verbo/imagem/som corporificados ao vivo e capazes de uma comunicação por todos os sentidos do corpo no aqui-agora. Em suma, numa síntese de ação poética concreta para o que jazia, ainda que belamente, como potencialidade na escritura. O resultado desse trabalho em colaboração foi uma encenação que fez da poética cênica, como já o incitava a literária, um efetivo trampolim para o mergulho no fundo escuro e primevo da linguagem, na tentativa de recaptura de uma língua dos começos. De fato, o propósito teatral não era, como tampouco fora o textual, o de reconstruir ou mimetizar a imagística, a narrativa, a sintaxe e as significações da criação bíblica, tão apenas nas suas filiações religiosas, históricas e na vegetação interpretativa, anedótica e folclórica que envolveu o seu tronco poético em milênios de tradição, porém chegar, por meio de sua carnação e expressão linguística, a de um hebraico do poço dos tempos, a uma espécie de verbo-ação das origens. *Bereschit*. Gênese. Foi o que se viu e a origem se tornou cena: *a cena da origem*. A invocação, no ritual cênico, das palavras do princípio pela *arqué* hebraica, remeteu o verso transcriado em cena a um teatro-mundo, na dinâmica dos sons-sax, das vozes-sopro, num partejamento origâmico, lumen-luminescente, do ato inaugural do ser; não só em um corpo transterreno de Adam Kadmon, Hermes e Afrodite do ser humano, a fundir com a cabala dos significantes hebraicos a pureza primordial dos significados adâmicos, como do *corpus* entrópico do cosmos no lance de dados do começar. Ato primeiro do verbo, reverbo do ato um. Origem da cena no palco: Giulia Gam, Lívio, Lucilla, o Hazan, na recriação drama-poiesis do celebrante e do vate.

A subsequente ligação de Haroldo de Campos com Gerald Thomas e as manifestações de simpatia pelas realizações do diretor foram tomadas principalmente sob a perspectiva da amizade e de uma sintonia de suas poéticas e audácia experimental na busca de interlinguagens e releituras transcriativas. Mas essa empatia talvez exprima algo mais no que diz respeito a Haroldo de Campos e a seu processo de descoberta ou, quem sabe, de redescoberta, da projeção e do discurso teatrais como formas expressivas que se relacionam ao seu próprio projeto poético. A troca intelectual e artística com o diretor e seu elenco talvez tenha estimulado o poeta a aproximar-se mais da caixinha mágica que o atraía com os seus prodígios desde longe. Nada como o teatro tem o poder de fundir em *quanta* de representações e significações, corpo do sujeito e do objeto, palavra da oralidade e da escritura, sonoridade

haroldo de campos e o teatro
j. guinsburg

do verbo, da música e do ruído. O preço deste poder, sem dúvida, é o sacrifício de sua corporificação na ara da presentidade. Mas o apelo do teatro a uma poética e a um poeta do poder alquímico de uma poesia do espacial concretizado na linguagem do corpo e no corpo da linguagem do estar-aí, é uma tentação fáustica.

E de fato, sob a magia simpática desse contato, Haroldo de Campos remontou por sua vasta produção de poeta, crítico e pensador, para recobrar uma escritura eletiva que permanecera na sombra de seu percurso como um desencanto dramático.

Mais do que texto de uma tentativa, *Graal, Legenda de um Cálice*, composto em 1952, vai além do *Auto do Possesso* (1949-1950), exprimindo uma afinidade congenial do poeta com a teatralidade. O subtítulo da peça o evidencia: Bufotragédia. Aqui é significante a contraposição entre um gênero tão marcado pela máscara e gestualidade do cômico que sua expressão só se completa no tablado e o outro, que é uma das formas maiores da poesia dramática. Em que pese a qualidade poético-literária da criação haroldiana, estes dois gêneros só podem ser fundidos no palco. Não que a escritura não o faça a seu modo, com os recursos de um teatro mental, mas se em geral ela é insuficiente para a plena explicitação do dramático, neste caso a sua economia está intrinsecamente voltada para a cena. E a questão aqui vai adiante do fato de se apontar, com a acoplagem realizada, para a tragicomédia, ou seja, para aquela unidade de composição que, independentemente de seu uso histórico ou estilístico, conjumina tudo quanto o teatro faz e sobre o que ele versa.

Na verdade, tudo em *Graal*, modos de estruturação e agenciamento das máscaras-símbolo – pois elas o são mais do que propriamente personagens – e de suas relações dialogizadas, tem a vocação para a especificidade teatral. Seus actantes clamam pela materialização cênica, pois somente nela adquirem configuração e sentido completos. E de que este é o escopo do autor, não nos deixa dúvida, desde logo, a leitura da peça. Se, ao lê-la, o fizemos corretamente e não estamos sobreinterpretando, o próprio anúncio no frontispício de que o seu desenrolar se dará em "Dois Atos e Cenas" associa uma referência à ordem tradicional das construções dramatúrgicas e uma alusão, no mínimo estranha, se não heterodoxa, quanto à arquitetura e temporalização do texto, na medida em que são nomeadas por um plural indefinido: Cenas. Quer nos parecer que já neste registro de intenções dramatúrgicas se coloca uma promessa de abertura estética em um projeto de teatralidade. A excepcional compacidade dos enunciados do poema não deve enganar. Trata-se de poesia, mas de poesia que pretende consubstanciar o seu poder de emissão e a sua forma final além da linha da escritura, no gesto da atuação e nas vozes encarnadas no palco.

Sim, porque o discurso se apresenta inteiramente assumido e distribuído pelos coros, comparsas e protagonistas, em um jogo de falas entre as *dramatis personae* que as entrama, não pela intriga prosaica das situações, porém pelo embate poético das tensões. É isto, e não apenas a grossa materialidade das figurações grotescas, que lhe infunde peso dramático específico, fazendo *Graal* descer da aura lírica e, com ela, aureamusarondinaalúvia, para os praticáveis da cena, deixando patente que só o teatro pode realizar o seu espaço intrínseco de representação. É claro que, mescla de destilações simbolistas e carnavalização oswaldiana, esta bufotragédia mefistofáustica não exibe personagens civis com carteira de identidade psicológica e direito a autonomia de arbítrio, que aparecem de terno e gravata no tablado realista. Fundamentalmente, o que se institui aqui, sob a figura actancial de *Graal*, é o poeta inventor e a poesia da invenção, no empenho do procurar-se e do fazer-se em confronto com as forças inerciais e/ou repressoras da memória, do comércio linguístico e social, do contragolpe dos interesses, do pragmatismo objetivista, das seduções dos lugares-comuns do repertório de Eros. Assaltado pelo mundo do cotidiano, ele só se entrega à fonte de sua inspiração; acima e além da fala desgastada dos valores de troca e de uso. É o drama do poeta no teatro da poesia.

Mas, quando o poeta se faz um com a Aureamusa, "eu me em ti", taça e sangue de criação, a poesia volta a dizer "sim". Assim, *Graal* só poderia terminar, como de fato termina, vencida a maior das tentações, a luciferiana toda-luz das razões, em desenlace dramático que é, na verdade, um enlace: a palavra é rompida à margem do silêncio, para que nasça uma nova linguagem poética. Núpcias: Aureamusarondinaalúvia/eu meemmimtimesmo.

A respeito das vicissitudes do artista à procura da livre expressão criativa no azul de Glaux, caberia referir o seu sentido textual às palavras de Stephan Dédalus em *Retrato do Artista Quando Jovem*:

> Vou tentar exprimir-me por algum modo de vida ou de arte, tão livremente quanto possa e de modo tão completo quanto possa, empregando

> para a minha defesa apenas as armas que eu me permito usar: silêncio, exílio, sutileza.[1]

Haroldo de Campos as invocou, ao comentar as raízes instigadoras de sua poesia.

A teatralidade desse texto, cálice de vidro-pele de vibrações líricas, só transpareceu ao poeta agora, no reencontro do autor com a destinação de sua obra: a cena. E que isto se deu não apenas no âmbito das relações ocultas com a musa do teatro comprova-se pela reflexão que efetuou a propósito de *M.O.R.T.E.*, na encenação de Gerald Thomas. Como seria inevitável em se tratando de Haroldo de Campos, poeta maior cujo trabalho inventivo sempre caminha com botas de sete léguas teóricas, aflora aí, em termos de metalinguagem crítica, uma clara consciência de teatro, e como também seria de esperar, uma opção por um certo teatro. Um teatro que é o de hoje, com todas as revolucionárias transformações que suas formas de expressão sofreram com o advento das experimentações da vanguarda histórica e, sobretudo, do movimento cênico após a Segunda Guerra Mundial, desde o Teatro Absurdo até Grotóvski e Kantor. Não é preciso retomar o debate filosófico e estético em torno do pós-modernismo, nem refazer o itinerário do crítico em "A *M.O.R.T.E.* e o Parangolé" para constatar a sua profunda consonância com os omeletes à moda de Thomas nas bufotragificações que carnavalizam o Hamlet de Shakespeare no Hamm de Beckett, jogando-o em um picadeiro dramático onde

---

1   James Joyce, *Retrato do Artista Quando Jovem*, trad. de José Geraldo Vieira, Porto Alegre: Globo, 1943, p.243.

pode virar, como na versão paródica de Augusto de Campos, Camelot, Príncipe da Sinamarga. Este jogo histriônico com o amargo desespero já rodopiava ostensivamente na dança grotesca da solidão e da alienação nos diálogos de *Graal*. Tal qual no *post-scriptum* que Haroldo de Campos escreve acerca do *in-memoriam* de Thomas a Samuel Beckett (em *Fim de Jogo*), salta aos olhos que o texto de 1952 não é um "fim de linha". Muito ao contrário, trata-se da linha de um início que se revela à luz de uma teatralidade, ao modo de Thomas e Kantor, disposta a ir além de todos os limites do imaginário e de exercer toda a "crueldade" trágica e cômica para engendrar as imagens, as coalescências expressivas e simbólicas da alogicidade e da contingência da condição humana. A provocação crítica destas formas reponta a cada observação crítica sobre *A M.O.R.T.E.* Sem dúvida, o poeta está no domínio de Dioniso, onde o viver e o morrer são ligados pelo mesmo princípio ativo e ele o transfere, em metamorfose metalinguística, para a sua interpretação. Recusa-se a ver na montagem apenas uma dança do fim, do nada depois de tudo. Sem vincular o seu pensamento e o sentido explícito da direção de Gerald Thomas a uma necessidade positiva ou a uma razão dialética, discerne em seu nexo, citando Bloch, um "pulso" de esperança. Aliás, já o título do ensaio o anuncia "A M.O.R.T.E. e o Parangolé", fazendo taxativamente a remessa à celebração fecundante das forças criativas na vida e na arte na performance sinestésica do artista carioca. E a invocação da vida-obra de Oiticica é tanto menos gratuita quanto identifica no teatro do *régisseur* da ópera seca o mesmo princípio e elã de rigorosa composição construtivista com o rito iniciático dos sentidos "na festa barroquizante do carnaval". Evoé! É o grito que o poeta ouve ecoar. E ele faz coro: "que chova sobre a nossa poesia".

O apelo é entusiástico e quem o inspira é o poeta criador que se superpõe ao espectador crítico, dando voz e gesto ao chamado, desta vez, da cena. Pois, com o poder das águas, começa a se lhe propor, não mais como uma difusa Glaux do fundo, porém impositivamente, no proscênio, a simbiose com a linguagem do teatro. De fato, Haroldo de Campos elabora neste momento, em sua oficina de invenções, um tríptico poético-dramático-crítico sobre o tema do Fausto. São três versões do mesmo *tópos* urdindo as duas cenas da transcriação haroldiana[2] do texto de Goethe, barroco-medieval, com as clivagens simbolistas do *Graal* e alguns quadros hiper-realistas. O intento, ou melhor, a tentação é fazê-lo reverberar sobre si próprio em um auto da criação e da danação, pelo que o projeto[3] faz imaginar. E se é permitido aventurar-se mais um pouco, talvez se possa entrever nessa montagem prismática não apenas a transluciferação das faces do pactário e dos estilos de suas máscaras, mas, acima de tudo, a transluciferação de sua alegoria pelo jogo mefistofársico de suas alegorizações. Linguagem efetiva do teatro a encenar-se como teatro de linguagens, parece dispor de tal modo os seus espelhos de representação que o caleidoscópio de

---

2 Haroldo de Campos, *Deus e o Diabo no Fausto de Goethe*, São Paulo: Perspectiva, 1981.

3 Embora sem alcançar uma forma inteiramente decantada e resolvida, a proposta foi objeto de uma encenação experimental no Rio de Janeiro, em 1997, sob a direção de Gerald Thomas e com a participação de Bete Coelho e o elenco da Casa das Artes de Laranjeiras, tendo despertado o interesse da crítica e a expectativa de que suscite um espetáculo finalizado.

haroldo de campos e o teatro
j. guinsburg

imagens tematizadas enforma a imagem do ator, seu autor: aquele que fala pelo corpo com o espírito. No foco: o poeta.

Galáxia expandindo-se em xadrez de estrelas, a obra de Haroldo de Campos tem a dimensão poética da palavra em ato, no papel e na cena.

DOIS HAROLDOS: LÍRICO E ÉPICO

Carlos Antônio Rahal

Em 2014 e em 2016, fui convidado a dirigir leituras dramáticas de *Graal, Legenda de um Cálice*, de Haroldo de Campos. Ambas as leituras se deram durante o evento denominado "Hora H", realizado em datas próximas aos aniversários de nascimento e morte do poeta paulista (respectivamente, 19 e 16 de agosto). Em 2014, o evento aconteceu na Casa das Rosas e, em 2016, na Casa Guilherme de Almeida, sempre em São Paulo. A peça não foi lida integralmente; os trechos escolhidos foram os mesmos nas duas leituras: Ato I, Cena 4; Ato II, Cenas 1 e 2. Além de dirigir, participei das leituras. Os elencos e respectivas personagens foram os seguintes:

2014 – Carlos Rahal (Graal); Rosana Fechio (Aureamusa e Dame Mémoire); Claudinei Nakasone (Todaluz e Vox Populi)

2016 – Neto Mahnic (Graal); Jessica Monte (Aureamusa e Dame Mémoire); Gustavo César (Todaluz); Carlos Rahal (Vox Populi e leitura das rubricas)

A despeito da absoluta ausência dos elementos cênicos pedidos pelo autor (iluminação, cenários, figurinos), o texto produziu, de fato, o fenômeno teatral nas duas leituras. Em outras palavras, o texto haroldiano contém, em si, o que teóricos e práticos das artes cênicas chamam de "teatralidade". No entendimento de Antonin Artaud, aquilo que é especificamente teatral não obedece à expressão pela fala, pelas palavras, isto é, não está contido no diálogo. Para Roland Barthes, teatralidade "é o teatro menos o texto". *Graal* desmente os dois franceses, na medida em que seu texto é performativo: tal como sua poesia, a única peça de Haroldo de Campos embute nas próprias palavras os gestos, os movimentos e os acontecimentos que a transformam em ato sobre o tablado. (É óbvio que há muitas peças com as mesmas virtudes, mas estamos falando aqui de um texto de um autor ainda jovem e que não será dramaturgo, o que destaca ainda mais sua qualidade.)

Escrevo aqui um relato das minhas observações referentes às leituras dramáticas de *Graal, Legenda de um Cálice*, realizadas nas edições 2014 e 2016 do "Hora H". Os leitores que estiveram presentes a uma ou a ambas as leituras poderão agora reavivar as impressões que tiveram – e, claro, discordar radicalmente do que afirmo aqui (se assim for, ótimo, pois confirma o caráter polissêmico da obra haroldiana e do teatro de modo geral). Àqueles que jamais viram uma performance de *Graal*, que estas palavras

2014, CASA DAS ROSAS

É provável aqui que eu cometa alguma impropriedade ao considerar que a leitura de 2014 tenha apresentado um caráter marcadamente lírico, no sentido que dá à palavra a teoria dos gêneros. Segundo Anatol Rosenfeld, pertencem à Lírica poemas de extensão menor, nos quais não se cristalizam personagens nítidas e em que uma voz central (quase sempre um "Eu") exprime seu próprio estado de alma. Tendo sido Haroldo de Campos o poeta que foi, nada mais natural do que encontrar em sua peça teatral a manifestação do gênero lírico. Antes de justificar o termo "impropriedade", escrito acima, vejamos, nas cenas lidas em 2014, onde o caráter lírico se sobressai.

Na Cena 4 do Ato I, Graal chama sua amada de Aureamusarondinaalúvia, ao que ela prontamente rebate, dizendo que seu nome é Áurea. Graal ataca: "Teu nome é um polissílabo que bebe em meus lábios e se rejuvenesce como um cristal cediço". Em "Ciropédia ou A Educação do Príncipe" (1952), Haroldo a define melhor:

Meisterludi ensinou-lhe o peso das vogais

Plúvia e dilúvio

sombra e umbra

Penumbra

E ele compôs uma criatura sonora

AUREAMUSARONDINAALÚVIA

que cintila como um cristal e

possui treze fulgurações diferentes

Parece que o poeta tem duas visões muito distintas da sua musa. Ora ela é um cristal cediço, portanto necessitado de brilho, de vida e de rejuvenescimento, ora ela ostenta treze fulgurações diferentes. O argumento de que são textos diferentes não cabe aqui, pois a obra haroldiana é muito autorreferente (o poema que encerra *Graal*, por exemplo, é publicado de forma autônoma em 1956). Portanto, a Áurea de *Graal* é a mesma de "Ciropédia". E, na mesma cena, depois de fazer incontáveis elogios à moça – todos recebidos com reprimendas e muxoxos –, Graal percebe que ela é insensível à poesia, mas, mesmo assim, insiste: "Fica com teu Club Sweet. Vai-te. Queiras ou não queiras, eu te chamarei AUREAMUSARONDINAALÚVIA."

Na primeira cena do Ato II, Graal trava um diálogo com Todaluz (Lúcifer). Na clássica cena em que o demônio tenta a virtude com infinitos prazeres mundanos, Graal, aqui, rejeita as ofertas com soberba: "Meu nome é Graal! [...] Uma constelação com meu nome gelaria, exceto duas estrelas. [...] Fico com o meu nome. Ele já está amargo: eu o tenho há cem anos. Mas não importa. É uma taça." Eis o orgulho do poeta: diante do bem maior que é a poesia, todos os bens terrestres tornam-se insignificantes.

Na cena seguinte, a expressão do isolamento do poeta se dá pelo diálogo de Graal com sua mãe, Dame Mémoire. Ela diz: "Estás só, meu filho. Só." Ao que ele responde: "A solidão é a sala do trono de um rei estéril. É um celibato com as unhas." E quando, já no fim da cena, Dame Mémoire expressa sua preocupação com o desprezo da massa ignara ao seu filho, Graal diz: "Eu não faço. Eu me em mimmesmo."

Esse isolamento quase simbolista da peça ficou muito evidente no trabalho dos atores durante a leitura de 2014. Durante os ensaios, procuramos acentuar a visceralidade com que Graal "defende" suas posições. Ele não se entrega ao amor fútil, nem aos prazeres mundanos, nem ao gosto popular: sua poesia é biscoito fino e como tal deve ser lida. Curiosamente, foi um achado – quanto mais nós, atores, buscávamos o enfrentamento de Graal com as demais personagens (na defesa de seus pontos de vista), mais isolado ele ficava e mais lírico soava o texto. Graal, da porção do espaço-tempo onde ele se colocou, gritava para as demais personagens, que jamais o compreenderiam.

Agora, justifico o que considero impróprio nesta análise. Acredito que a leitura de 2014 tenha de fato soado mais lírica pelos aspectos expostos acima, mas não posso desprezar elementos epicizantes presentes na peça haroldiana, em especial a recusa ao diálogo, categoria fundamental à forma dramática. E essa característica surge com mais evidência na leitura de 2016, analisada a seguir.

2016, CASA GUILHERME DE ALMEIDA

Dizer que *Graal* é uma peça épica é exagero. Mas há, sim, elementos épicos no texto, que ficaram mais evidentes na leitura de 2016. A começar pela rubrica inicial, na qual Haroldo de Campos determina por onde se movem os três coros (épicos, em si mesmos). O cenário, também descrito nessa rubrica, pede "folhas de jornal e notas de banco" – as primeiras, indicando uma data (de hoje?) para os acontecimentos; as últimas, denunciando o caráter anticapitalista da trama que virá a seguir. Ora, sabemos que tudo no palco significa; se assim é, os jornais escolhidos pelo cenógrafo ou diretor vão indicar o viés que a encenação tomará. Em tempos de turbulência política, econômica ou social, o jornal que decora o palco acaba por revelar a posição política daquele grupo de artistas. E as notas de banco evidenciam ainda mais o caráter anticapitalista de *Graal*.

Na Cena 2 do Ato II, entra a personagem Vox Populi, na verdade, um "alto-falante cingido por uma coroa de louros e disfarçado por um véu negro". Dele, saem dois diálogos, o primeiro, entre mulheres, o segundo, entre homens. A primeira mulher conta sobre o encontro que teve no dia anterior com um homem; a segunda elogia o tal homem; a primeira volta a falar, agora de maneira exagerada, sobre a sua sensibilidade e seu gosto por véus brancos. Já no diálogo masculino, o primeiro homem fala que saiu no dia anterior com uma mulher; o segundo homem a elogia; o primeiro homem volta a falar, agora sobre a sua mania de organização. Nota-se, aqui, o efeito de estranhamento (*Verfremdungseffekt*), tão caro a Brecht. Haroldo cria quatro personagens que são apenas vozes para torná-las indistintas: podem ser quaisquer pessoas na multidão (Vox Populi). E essas quatro personagens, assim como toda a população de uma cidade ou país, estão preocupadas apenas com seus pequenos afazeres e interesses, não dão a mínima para a poesia de Graal.

dois haroldos: lírico e épico

Esses aspectos ficaram mais evidentes na leitura de 2016. Talvez essas diferenças entre as duas leituras tenham se dado por causa da diferença de elencos, do tempo de ensaio, da maturação do texto, da compreensão do texto ou até pela posição em que nos encontrávamos: em 2014, a leitura foi feita com os atores sentados lado a lado, muito próximos, sem que pudéssemos facilmente nos encarar; em 2016, os quatro permaneceram em pé, a uma certa distância, o que permitiu alguma movimentação corporal e até mesmo a troca de olhares. O jogo teatral ficou mais fácil em 2016, em oposição a uma certa contrição em 2014. O que em absoluto significa diferenças de fruição ou atribuição de juízo de valor a uma ou outra leitura: tais diferenças só confirmam as possibilidades cênicas abertas pelo texto haroldiano.

A ATUALIDADE DE GRAAL

Ambas as leituras geraram comentários da plateia: além dos elogios de praxe, observações sobre este ou aquele ponto, sobre esta ou aquela fala etc. Mais frequentes foram duas sugestões: que a peça fosse encenada e publicada. A publicação está neste volume que ora você lê; já a encenação é outra coisa. *Graal* não chega a ser um drama estático, como *O Marinheiro*, de Fernando Pessoa, ou *Os Cegos*, de Maurice Maeterlink, mas, na prática, tem muito pouca ação. Ainda que se assemelhe a estas peças simbolistas, o texto de Haroldo de Campos é muito moderno e não resistiria a uma versão cênica estática.

Graal toca em questões que sempre serão candentes: a (des) necessidade da arte; a corrupção; a alienação provocada pelo modo de vida capitalista; a idolatria aos falsos artistas e às pseudocelebridades; o consumo do fácil e do efêmero; a preguiça de pensar. Então, o encenador que conseguir driblar a inação das personagens, poderá tornar *Graal, Legenda de um Cálice* uma pequena joia do teatro brasileiro.

A POESIA CÊNICA DE HAROLDO DE CAMPOS

Lucio Agra

Dentre todas as circunstâncias intertextuais encontráveis na peça do jovem Haroldo de Campos, de novembro de 1952, no caminho da aventura futura da Poesia Concreta, a que primeiro chama a atenção é a relação com o teatro de Oswald de Andrade, principalmente com *O Rei da Vela*. Trata-se da peça que, junto com o resto da obra de Oswald, Haroldo estava a tomar conhecimento por conta da recuperação do modernista a partir do encontro que com ele teve em fins dos anos 1940. Período especialmente rico na vida de Haroldo, é a época em que se desenrola seu *bildungsroman*. Os estudos de alemão, a faculdade de direito, o lançamento da poesia concreta, as viagens à Alemanha, os seminários e contatos com Max Bense e a produção de ensaios reunidos no livro fundante que é *A Arte no*

Horizonte do Provável a encerrar, em 1969, duas décadas de violentas e fortes transformações [1].

Graal, Legenda de um Cálice, portanto, peça curta e altamente alegórica, cujo título aparece *a posteriori*, dá a impressão de ter existido em segredo durante anos como laboratório de experiências em devir, do qual o mais nítido exemplar é o poema da fase ortodoxa da poesia concreta, SI LEN CIO. Tive a sorte de assistir à leitura desse poema, pelo próprio autor, no início dos anos 1990. Estávamos em uma reunião do Cinpo, o Círculo de Investigação Poética que criamos, Carlito Azevedo, Monique Balbuena, Bráulio Fernandes e eu, nos longínquos tempos de 1989, numa Faculdade de Letras da UFRJ ainda recém-chegada à Ilha do Fundão, no Rio de Janeiro. Pedimos a Haroldo, naquela tarde, que lesse alguns poemas à sua escolha. Lembro que, além desse, ele ainda leu "nascemorre" e o fragmento "circuladô de fulô", das *Galáxias*. Não sabíamos da parceria que vinha tecendo com Caetano Veloso e que resultaria no álbum *Circuladô*, no ano seguinte. Mas era claro que esse fragmento e os textos que escolheu estavam entre os seus favoritos [2].

---

1 1952 é o ano em que é criado o grupo Noigandres, formado por Haroldo, Augusto de Campos e Décio Pignatari, aos quais depois se juntaram José Lino Grunewald e Ronaldo Azeredo. É o ano de lançamento do grupo Ruptura em São Paulo. Os noigandres já conheciam Oswald de Andrade desde 1948, quando foram a ele apresentados por Mário da Silva Brito. Nesse mesmo ano, os três se conheceram na Faculdade de Direito.

2 Essa seleção, ao menos no que respeita às *Galáxias*, foi coonestada pelos fragmentos escolhidos depois para o CD *Isto Não é um Livro de Viagem*, onde, a meu ver, se destacam, além de "circuladô", "sazamegoto" (que eu ouvi Haroldo ler em quase todas as suas performances públicas) e "calças cor de abóbora" (que acredito referir-se ao famoso encontro com Hélio Oiticica no Hotel Chelsea, em Nova York, nos anos 1970).

a poesia cênica de haroldo de campos
lucio agra

Seria preciso compreender por que SI LEN CIO[3] é o desfecho literal de uma série de "citações" – na verdade, antecipações – de fragmentos futuros inteiros. Trechos de traduções, pedaços de poemas, enredos de outros textos e uma espécie de automitologia[4] vão compondo o que se poderia chamar de protodramaturgia, um *urfaust* do próprio Haroldo, ele que, a essa altura, já acalentava o projeto tradutório construindo a transluciferação de muitos anos depois em *Deus e o Diabo no Fausto de Goethe* (1981). Essa pré-história de si mesmo é atestada pelo subtítulo também aposto à sua "graalíada", *epos* dramático da busca do cálice sagrado, uma imagem que, como sabemos, foi a fundação do ciclo medieval de histórias gerador dos vários dos elementos temáticos e formais que vieram a interessar Ezra Pound, com ingresso garantido no seu *paideuma*. A "bufotragédia" é o primeiro indicador de gênero, ainda datilografado. Se nos lembrarmos de que esse termo reaparece em, por exemplo, "Bufoneria Brasiliensis", um dos mais sarcásticos de seus poemas, da fase "participante" da poesia concreta, e que é palavra frequente no vocabulário erudito da época, não é difícil deduzir que esse termo já existia no original, agregado posteriormente de um segundo, dessa vez manuscrito: "mefistofáustica". O que é provável: o autor continuou revisando inclusive esses qualificativos. Vê-se em letra cursiva, na segunda linha, "mefistofarsa bufotrágica". Uma tragédia bufa, uma farsa fáustica. Ou, como chegaria a ser, muitas décadas depois,

---

3   A última sílaba, Cio, entendida autonomamente, pode ajudar a pensar na atmosfera que junta a iniciação na poesia com a iniciação amorosa, uma adolescência poética, por assim dizer.

4   Um dos poemas que *Graal* espelha, como se verá, é "Sísifo" (presente no primeiro livro, *Auto do Possesso*) cujo título se faz acompanhar, entre parênteses, da palavra "mito".

em *Finismundo, a Última Viagem* (1990), algo tão derrisório quanto um "factotum portátil"[5]. Do compromisso assumido com o demônio, espécie de destino trágico do artista, ele se move até a reversa face irônica desse mesmo gesto, ou seja, comédia gaiata da vida, em gargalhada ruidosa. A busca do cálice sagrado, do novo aeon, do velocino de ouro, do caminho para as Índias, isto é, as buscas épicas todas, as descidas a todos os infernos se convertem em seu avesso grotesco, em uma paródia de si mesmas, onde o riso desafiador não deixa o tom solene escamotear os traços ridículos de uma existência comum, prosaica mas, ao mesmo tempo, e assim mesmo, plena de acontecimentos extraordinários. O próprio Haroldo assinala, em comentário ao seu poema de 1990, que o construiu com base no fato de que "Homero silencia sobre o fim de Ulisses". Dante o descreve no Inferno de sua *Comédia* transformado "em língua de fogo" e diz que partira em busca do desconhecido, já em idade avançada. Tentava encontrar a "proibida Ilha do Purgatório", "em cujo cimo, de acordo com a geografia dantesca, situava-se o Paraíso Terrestre". Seu ardor pelo desconhecido, segundo Haroldo, pode ter analogias com "casos paradigmais de transgressão da norma: Lúcifer [...] por querer ver transpassou o sinal", resume Boccacio. Haroldo assinala que, das duas partes de seu poema, a primeira segue a "cadência épica" e na segunda se dá a "paráfrase irônica", tematizando a "busca (derrisória mas sempre renovada) da poesia num mundo trivializado, 'abandonado pelos deuses'"[6].

5 "Teu fogo prometeico se resume/ à cabeça de um fósforo – Lúcifer / portátil e/ou / ninharia flamífera." H. de Campos, *Finismundo – A Última Viagem*, Ouro Preto: Tipografia do Fundo de Ouro Preto, 1990.
6 Ibidem.

a poesia cênica de haroldo de campos
lucio agra

Com tudo isso, quero dizer que *Graal* parece ser uma cápsula de vários dos impasses estético-existenciais do artista. Simultaneamente é a sua arena de combate dos signos que escolhe: Goethe, Dante, Schwitters, o barroco (já aí), a tradução, os idiomas (grego, latim e alemão), a viagem de Ulisses, as epopeias camoniana e dantesca e, em meio a tudo isso, a corrosão absoluta que o mestre Oswald de Andrade lhe ensinava e ele administra a cada diálogo.

DO PÓS-DRAMA À PÓS-UTOPIA

Contemporaneamente, o teatro vem se desfazendo do drama. O teatro de Haroldo já nasce pós-dramático e mesmo performativo, pois sugere o desmoronamento da cena, hamletianamente, na personagem alter-ego de si mesma que é o próprio Graal, a discutir com a musa – *tó múson, de la musique, hélas!* – com-fundida, fusionada à memória (mnémósine) de onde vem a poesia. Ela que, como advertira Mário Faustino, "tecnicamente não passa de um conjunto de processos mnemônicos"[7]. O primeiro grande debate de Graal é com a musa memória, o diálogo mais fundante.

O teatro é diálogo, os artistas do teatro amam a dialogação e Haroldo percebe isso admiravelmente, adotando um formato antigo de cenas em duos, recurso que lhe dá a chance de testar vários estratagemas poéticos.

---

7   Mário Faustino, Diálogos de Oficina, *Poesia-Experiência*, São Paulo: Perspectiva, 1976, p. 30. Faustino completa essa afirmação citando o "artifício de eternidade" do último verso de "Sailing to Byzantium", de W.B. Yeats.

A outra personagem que atrai atenção é o Todaluz ou Luciphalus, assinalado com a rubrica "o mesmo em dois tempos". O nome não deixa dúvida. Lúcifer faz com que todo o intertexto fáustico se reerga. Luciferino, Lucifálico, Luzbel, o portador da luz, ao mesmo tempo labareda infernal e fogo fátuo, factotum portátil ou caixa de fósforo.

As musas – muito ao estilo oswaldiano, francesas até no nome (Dame Mémoire, mas também um anagrama possível de ma-dame ou ainda da Maria Magdá de "Sísifo", por sua vez preparo para a "Ciropédia") também se latinizam na "Aureamusa". "Messire Le Mot", de gênero ambíguo, escorregadia, é a outra personagem dos embates/debates.

A cercar tudo isso, os coros, a voz da patuleia (Vox Populi) e os comparsas. Nos Coros surge, de cara, a influência oswaldiana: três coros – dos iguais, dos homens sem cabeça e dos homens sem braços – fazem lembrar não só as *personas* bizarras do "país da anestesia" em *A Morta* de Oswald, como até mesmo alguns outros caracteres das anti-peças de Flávio de Carvalho. Este, que Oswald considerava o "antropófago ideal", mereceu uma dedicatória assinada por Haroldo (e Boris Schnaiderman) na primeira edição de *Maiakovski – Poemas* (1968), onde se lê, escrito na caligrafia de Haroldo, "para Flávio de Carvalho, o inventor do happening". Vale lembrar que Oswald, por sua vez, hoje o sabemos, deriva parte de sua construção dramática do próprio teatro de Maiakóvski, no qual são frequentes essas personagens coletivas (como antes o fora em Aleksandr Blok, por exemplo, o Coro de Juízes em *A Barraca de Feira* (Balagântchik, de 1911).

a poesia cênica de haroldo de campos
lucio agra

É com esse conjunto que a farsa se desenha. Mas ainda falta uma figura, Tinnula, misteriosa e enigmática personagem. A "criança com chapéu de estrelas" (como aparece descrita na didascália da primeira fala da Cena 4, quando finalmente surge) é quase monossilábica, emergente figura-quase-zero que anuncia o amor-paixão entre Áurea e Graal. Este, no entanto, precisa esperar o afogar-se nos papéis e na coleção de palavras, antes que possa se consumar. Insiste a criança na imagem dos "arcos de aves-íris" a imagem do voo como liberdade e como exaltação das cores. Logo Áurea se apresenta e fica bem claro que se trata da musa barroca "Aureamusarondinaalúvia" ou quase a "Analíviaplurabela", a "AnaLiffey" do riocorrente ou riverão – como diria o próprio Haroldo – joyceano que estava ali no curso de seus trabalhos tradutórios, juntamente com o irmão, Augusto. Ou ainda também a Ana da Anaflor/Annablume, de Kurt Schwitters, que ele sobraçava nos seus papéis, rodeando o que já devia ser o início da montanha escritural que conheci quando visitei por algumas vezes sua "bibliocasa".

"Aureamusarondinaalúvia" está, com todas as letras, em "Ciropédia ou A Educação do Príncipe", exatamente de 1952[8]. Lá, ela é

---

8 Em depoimento de 2002, Haroldo menciona a publicação do poema "Ciropédia" em *Noigandres 2*, em 1955. Dá, como data de sua concepção, o ano de 1952 e esclarece ainda: "O título lembra o romance pedagógico de Xenofonte, celebrado desde a Antiguidade grega. Nesse caso, porém, trata-se mais de um *Bildungsgedicht*, de um poema de formação, de um 'retrato do poeta quando jovem': a descoberta do poder das palavras e da sexualidade, da poesia e do amor. Termina com uma 'defesa e ilustração da língua portuguesa' como instrumento de geração [...] Ao poeta, [...] inspira-o *a musa erótica da linguagem, uma criatura feita de cristais sonoros, AUREAMUSARONDINAALÚVIA* (áurea musa + arondina andorinha, do latim *hirundo* /ital. *rondina* / esp. *golondrina* + alúvia, do latim *alluo*, banhar-se, ser levado pela água + *pluvia*, chuva + Lívia, alusão a Anna Lívia Plurabelle, do *Finnegans Wake* de Joyce..." (*Depoimentos de Oficina*, São Paulo: Unimarco, 2002, p. 28-29, grifos do autor).

descrita como "criatura sonora", "que cintila como um cristal e/possui treze fulgurações diferentes"[9]. Mais adiante, na estância 10, ela reaparece na sequência de uma explicação sobre quem são "Vós" e quem é "Ele". A este se atribui "a aventura, o périplo, a alquimia, o argonau, o argonauta. O imensudário". "Aureamusarondinaalúvia" é a "fada de rouxinóis e frêmito de alas", mas também a "labilira". A lira lábil, as alusões ao "idiomaterno". A batalha permanece sendo entre o aventuroso Odisseu e os chamados da poesia, o reclamo da língua. O poema termina com um único verso na estância 11: "Beber desta água é uma sede infinita."[10] Por toda a obra de Haroldo, até a sua morte, permanecem essas questões obsessivas. O mesmo tom que se encontra em várias frases da peça "A solidão é a sala do trono de um rei estéril" e no banquete quando Graal e Aureamusa dizem: "Núpcias. Um cortejo tão violento que poliniza a alcova das rosas."

A MUSA BARROCA

Em 1952, Haroldo já revela, em sua peça, o quanto está consciente de sua via barroca: é o termo que usa para se referir à Aureamusa quando de sua entrada. Graal é "reconhecível por sua vestimenta em forma de coração (príncipe, cavaleiro medieval, movido principalmente pelo amor) enquanto Áurea "parece um bric-à-brac barroco". "GRAAL" é um laboratório de testes, no qual se fundem tanto o "derrisório" (como o coro discutindo uma receita no mesmo

9 *Xadrez de estrelas – Percurso Textual 1949-1974*, São Paulo: Perspectiva, 1976, p. 49.
10 Ibidem, p. 51.

a poesia cênica de haroldo de campos
lucio agra

banquete já citado) e o elevado que, na "Ciropédia" a pedagogia, o romance de formação, a preparação do herói, o próprio texto requer ("O Príncipe aprende a equitação do verbo"[11]).

As falas de Áurea citam diretamente a tradução que Haroldo dará para a Annablume de Schwitters, na qual substitui as várias declinações do alemão pelos pronomes oblíquos em português. No texto, vê-se a anotação que corrige a anterior incluindo a barra inclinada: "Eu amo. Eu te/me amo", que em "Anaflor" vem: "Anaflor, animal gotejante, eu te me amo; tu te ti contigo eu a ti, tu a mim, nós?" O texto de ensaio, chamado "Kurt Schwitters ou o Júbilo do Objeto", é publicado no Suplemento Dominical do *Jornal do Brasil*, em 28 de outubro e 4 de novembro de 1956, o que, portanto, liga-se diretamente ao evento de aparição da Poesia Concreta. Mesmo ano em que Haroldo produz "O Âmago do Ômega", ciclo de poemas publicado em *Noigandres 3*. Nela, a data fornecida para "SI LEN CIO" é 1955. João Bandeira e Lenora de Barros assinalam que esse número da revista corresponde ao "período em que vai se estreitando a convivência e o compartilhamento teórico com artistas vindos do Grupo Ruptura [...] que passam do abstracionismo geométrico para o concretismo. E dessa conjunção de interesses a poesia concreta ganha, por assim dizer, seu registro de nascimento, com a Exposição Nacional de Arte Concreta"[12].

11 Ibidem, p. 47, estância 2.
12 João Bandeira; Lenora Barros; O Grão de Noigandres, *Arte Concreta Paulista: O Grupo Noigandres*, São Paulo: Cosac Naify/USP Maria Antônia, 2002. Nesse minucioso trabalho, estão listados, com respectivas datas, todos os poemas publicados em cada um dos números da revista do grupo.

Da parte de Haroldo, portanto, essa curiosa peça, com didascálias às vezes mais surpreendentes que as próprias falas das personagens, é uma espécie de reunião de temas, rascunho ou talvez melhor pré-operação textual do que se realiza nas traduções de Dante e de Homero, por um lado, e de Joyce e Schwitters, por outro, todos enfeixados no elenco de autores que o movimento concreto pretendia (re)pôr em circulação.

Ainda é preciso assinalar o recurso ao "poema dramático" por parte de Haroldo, desde o início de sua obra: em *Auto do Possesso* (1949-1950), a coletânea ainda publicada sob a chancela do "Clube de Poesia" e, portanto, da Geração de 45, encontram-se poemas dialogados ou "cênicos" como "Sísifo" (onde aparecem os versos, indicados como fala do coro: "Maria Magdá, debutante de maio/esmaga um rouxinol na axila depilada"; o tom desse coro é sempre corrosivo e alude ao contexto contemporâneo muito à semelhança do coro da peça); "O Auto do Possesso", que dá nome ao livro, diálogo entre amante, amada, exorcista, possesso e o enxadrista (a lembrar a conversa com a morte em *O Sétimo Selo*, de Ingmar Bergmann [1959], filme da predileção de Haroldo). "A Cidade" e "Thálassa Thálassa", ambos de 1951, com os temas do cavaleiro armado e do mar, respectivamente, movem-se dentro do mesmo campo semântico e vocabular da peça. Deste ciclo, mais "As Disciplinas", chega-se ao "Âmago do Ômega", ou seja, *Graal* reúne um conjunto poético que corresponde ao tempo que vai da ligação com a Geração de 45, a ruptura com ela (a "difícil alvorada", como a qualificou Sérgio Buarque de Holanda) e o "salto no vazio" da poesia concreta, o lançar-se ao mar na aventura verbal, exatamente tudo o que de então adiante Haroldo tornaria seu

a poesia cênica de haroldo de campos

lucio agra

universo favorito. Encontrável ali e, como vimos, em "Finismundo" e ainda, em 2000, em *A Máquina do Mundo Repensada*[13].

O CRU E O COZIDO

A Naja Vertebral[14], a "pedra lapidada", a artesania rigorosa encontra-se, de uma forma que, a meu ver, Haroldo só permitiria a partir de *Galáxias* (1964 em diante): aquela em que, para cada enunciado solene, há um conjunto de brincadeiras, trocadilhos e ironias.

Mesmo Áurea, quando entra em cena, usa esse tom: "Vamos ao cinema. Estou cansada. Tenho datilografado muito..."

Em "Sísifo", o Coro descreve: "Maria Magdá, a de ruivas melenas,/dela te falarão nas vielas de Suburra/ (sua lente esmeralda em aro de marfim);/ e agora de Ray-ban, amanhã que é domingo/ Ted (Teobaldo) e Fred (Frederico)/ às 11, a esperarão na entrada de São Bento" e, mais adiante: "Maria Magdá, a de seios em aspas, a de ancas em delta, a de lábios em til...". Na peça, vê-se um "diálogo de mulheres" que forma uma personagem coletiva, Vox Populi, uma

---

13 São Paulo, Ateliê, 2005.

14 Cuja primeira aparição é em *Graal* e depois converte-se em poema com esse nome em 1953, incluído na coletânea *As Disciplinas*. Na peça, sua aparição se dá logo no início, em diálogo com a Dame Mémoire, em referência aos anos da infância (1929-1931) e os arquivos. Diz Graal: "Quem não te conhece, naja vertebral, encostando, à altura da cerviz, tua fina cabeça de mercúrio, velha ciranda?". Haroldo aproveita trechos inteiros. Na peça aparece "Na Pia-Máter, a mais interna das membranas, teu jogo de vidrilhos pérolas". No poema, lê-se: "NAJA VERTEBRAL [espacializada em forma de cobra] na Pia-Máter/a mais/interna das membranas/um lambda Língua/a cauda da sereia Um lam/bda". Nesse poema, também aparece o termo "finispoeta". Finis (Finício Revém, nascemorre/renasce/remorre) são referências constantes em Haroldo. O poema termina com os versos "A SOL itude é a pedra lapidada" (*Xadrez de Estrelas*, p. 62-63).

personagem-cena. A 1ª Mulher diz: "Eu ontem saí com P. Fomos a um cinema, e depois dançar. Depois, você sabe... Na volta comemos um churrasco. Estava delicioso." Na inversão seguinte, é um 1º Homem que diz, também sendo "Vox Populi": "Eu ontem saí com a L. Ela queria ir a um cinema. Fomos. Depois quis dançar. Fomos. Depois, você sabe... Na volta, ela comeu um churrasco. Achou delicioso."

É importante notar como o autor permite-se debochar da situação, o que parece mais sutil nos poemas de *Auto do Possesso*. Mas a alusão à puberdade, à virgindade, ao encontro amoroso etc. ecoa nos dois casos como se *Graal* fosse o fundo do rio onde corre a poesia da fase inicial de Haroldo que até agora conhecíamos.

Naturalmente, um leitor de Pound como foi, sabia o quanto este fazia entrecortar seu texto com elementos de linguagem cotidiana e vulgar, como o fizeram quase todos de sua geração, a começar por James Joyce. Há, entretanto, em Haroldo, uma relutância em fazer essa oscilação que ele arrisca na peça mas que só trará a público a partir, principalmente, de *Galáxias*, como já disse aqui, mas também, em simultâneo, nos poemas da fase denominada "participante" da poesia concreta. Disso é exemplo máximo o poema "Alea 1: Variações Semânticas" (sem esse título na versão original)[15]. A sucessão de adjetivos, nesse último, (o admirável, o

---

15 São Paulo: Noigandres, 1964. O autor data o poema de 1962-1963. O leiaute e a paginação têm o crédito de Décio Pignatari. O subtítulo desse poema ecoa os da peça: "uma epicomédia de bolso". Em *Xadrez de Estrelas*, o poema não é recolhido, somente aparecendo na coletânea *Os Melhores Poemas de Haroldo de Campos*, organizada por Inês Oseki Dépré para a Global em 1992. Nessa versão, a organizadora inclui também "Alea II: Variações Semânticas", no qual, por um processo de permutação, a frase "A marcha da família com Deus pela liberdade" transforma-se em enunciados absurdos como "A murcha da camélia com psius pela lerdidade" ou "A macha da famélia comeus bela livrinhdháde".

a poesia cênica de haroldo de campos
lucio agra

louvável, o notável), não bastasse a ironia, converte-se, depois, em uma sequência bisonha (o admerdável, o loucrável, o nojável, o adourável etc), fazendo uso de processos permutacionais da natureza daqueles descritos nos textos de *A Arte no Horizonte do Provável:* recursos de permutação e combinação que derivam, nesse caso, dos jogos de palavras encontrados nos *doublets*, de Lewis Caroll.

Na peça, a enumeração simples caracteriza as aparições dos "Coros" (na verdade Coro 1 e 2). Um diálogo entre ambos repete os galardões: "Se vossa excelência permite/se vossa eminência permite/se vossa rutilância faz o favor/ se vossa munificência me faz o obséquio/ se vossa austeridade me dá a honra / se vossa vetustez me dá a graça." Nas subsequentes aparições dos Coros, o tom desconstrutor se repete: "lua de mel em Barrigópolis", "comemorarei minhas bodas de prata" até que o Coro dos Iguais proclama: "Comer. A única solução que vos resta é comer."

E, AFINAL, O TEATRO

Em uma das passagens mais interessantes de seu *Teatro Pós-Dramático,* Hans-Thies Lehman comenta o que, para o poeta simbolista da alvorada do século xx, Maeterlinck, poderia ser chamado de "drama estático"[16]. Assevera Lehman, a partir de um comentário sobre o teatro simbolista, retirado do grande pesquisador Michael

---

16 Uma Breve Retrospectiva Sobre as Vanguardas Históricas, *Teatro Pós-Dramático.* São Paulo, Cosac Naify, trad. de Pedro Sussekind, p. 93s.

94

Kirby, que os simbolistas antecederiam a famosa efeméride da montagem do *Ubu-Rei* (1896), de Jarry, tido como o iniciador do teatro moderno de vanguarda. Seriam os simbolistas, segundo Lehman, os primeiros pós-dramáticos:

> O teatro dos simbolistas constitui um passo no caminho para o teatro pós-dramático em razão de seu caráter estático e da sua tendência à forma do monólogo. Mallarmé propõe uma concepção centrada em *Hamlet*, segundo a qual essa peça só conhece propriamente um único herói, relegando todas as outras personagens a "comparsas". Daí sai uma linha que nos leva ao modo como Klaus Michel Grüber encenou *Fausto* ou como Robert Wilson encenou *Hamlet*: um teatro neolírico, em que todos os componentes do teatro se tornam caracteres de um "texto" poético.[17]

Quem quer que conheça as formulações de Haroldo sobre o "poema pós-utópico"[18] e sobre a ideia inusitada de um Mallarmé pós-utópico não estranhará essa observação de Lehman. E quem quer que leia *Graal* concordará que muito embora haja uma dialogagem contínua ao longo da peça, as ambições e a forma de construção dela coincidem admiravelmente com o que Maeterlinck, ainda segundo Lehman, ambiciona. Cita-o literalmente: "A peça de teatro deve ser antes de tudo um poema" no qual "como atesta a

---

17 Ibidem, p. 94.
18 Haroldo de Campos, Da Morte do Verso à Constelação: O Poema Pós-Utópico, *O Arco-Íris Branco*, Rio de Janeiro: Imago, 1997. Trata-se de um ensaio que coincide admiravelmente com o lançamento alemão do livro de Lehman, muito embora não me conste que Haroldo o conhecesse.

a poesia cênica de haroldo de campos

lucio agra

expressão 'drama estático', é abandonada a ideia clássica do tempo linear e progressivo em favor de um 'tempo-imagem' bidimensional, de um tempo espaço"[19].

A partir daí, o texto de Lehman parece quase ser uma descrição dos propósitos que rondam o alegórico e estranho "Graal": primeiro a menção a Paul Claudel, que opõe o teatro nô (onde alguém sobrevém) ao drama (onde algo sobrevém). O teatro nô seria da ordem da "aparição", "um drama monopessoal apresentando a mesma estrutura do sonho". Essa atmosfera, tão presente nos trabalhos de um Gerald Thomas, a quem Haroldo viria a elogiar e admirar nos anos 90, estava presente já no texto do jovem dos anos 1950, o que parece coincidir admiravelmente com a observação de Lehman: "É evidente que o caráter cerimonial do teatro asiático ofereceu um incentivo para tais visões. Conquanto ele não tenha quase nenhuma ligação com o 'drama' realista europeu, há um modo de percepção ritual que permite traçar uma linha que vai do teatro asiático até Wilson através de Maeterlinck e Mallarmé."[20]

A outra ação textual dramática conhecida de Haroldo, a tradução do *Hagoromo* de Zeami, acaba por completar esse quadro demonstrando o que estava por trás do desejo que ele alimentava, nos inícios dos anos 1990, de ver essa obra clássica encenada com parangolés de Hélio Oiticica, tendo Caetano Veloso no papel do anjo dono do manto de plumas, e tudo isso dirigido por Gerald Thomas. Tive a oportunidade de assistir a uma espécie de debate entre os três, organizada no antigo Galpão das Artes do MAM-RJ, por essa

19 H.T. Lehman, op. cit, p. 95.
20 Ibidem.

época. Foi uma noite tensa e divertida, com troca de farpas entre Thomas e Caetano com o búdico Haroldo e seu sorriso inesquecível mediando a situação. A descoberta dessa espécie de "monodrama simbolista pós-dramático e pós-utópico" de um jovem Haroldo é uma espécie de ourobouros fabuloso. Uma revivescência de um mesmo vicus recirculante – como ele mesmo diria – um "Finícius Revém", mostrando que desde sempre buscara essa estranha maneira de fazer acontecer uma arte ao vivo. Sem saber, Lehman parece comentar um texto que funcionaria como exemplo de sua argumentação sem que ele mesmo o conhecesse.

O ensaio do autor alemão tem sido referido como uma bibliografia de performance, o que nos aproxima curiosamente de uma forma de arte inscrita na história, que já é, de direito, a da performance brasileira.

UMA ALEGORIA ANTROPOFÁGICA

Claudio Daniel

Haroldo de Campos criou um teatro poético alegórico na peça *Graal, Legenda de um cálice*, única obra dramática do poeta (além de sua recriação de *Hagoromo*, clássico do teatro nô, de autoria de Zeami, datada do século XVI). Escrita em sua juventude, no ano de 1952, a peça é dividida em dois atos breves e tem como subtítulo *bufotragédia mefistofáustica*[1] ou *mefistofarsa bufotrágica*, termos neológicos que ressaltam o caráter paródico e satírico do texto dramático, que se apropria de mitos e símbolos da literatura de cavalaria do século XII, refabulados e recontextualizados sob um prisma contemporâneo. O caráter religioso e iniciático da lenda do Graal, que data dos primórdios do cristianismo, é subvertido pela mescla imaginativa com signos de outros repertórios culturais,

---

[1] O termo *mefistofáustico* será empregado novamente por Haroldo de Campos em *Deus e o Diabo no Fausto de Goethe*, São Paulo: Perspectiva,1981.

numa operação dialógico-carnavelesco-polifônica[2], e pela crítica mordaz da ordem capitalista ("Postas de carne ensanguentada respingam nas notas e nos jornais") e da normalidade do discurso, abalada com a dissolução de fronteiras entre prosa e poesia. Todos os diálogos da peça são travados por meio de versos, enigmas, metáforas: há pouquíssimas referências a elementos concretos da realidade objetiva – telefone, cinema, jornais, cédulas monetárias, casa de dança –, predominando um discurso de feição simbolista ou surrealizante. A fábula cênica de Haroldo de Campos aproxima-se do teatro épico de Brecht na recusa do divertimento frívolo e na afirmação do compromisso intelectual com a reflexão crítica do presente. Porém, de modo diverso do dramaturgo alemão, o autor de *Galáxias* abdica de qualquer tentativa de mímese naturalista ou retórica doutrinária, construindo a representação da narrativa com recursos da metáfora, da alegoria[3] e da paródia. Nesse sentido, o paralelo mais adequado é com os autos alegóricos de Gil Vicente, como o *Auto da Barca do Inferno* e sobretudo o *Auto da Feira*, em que o autor português também se apropria de mitos e referências religiosas, do paganismo ao cristianismo, para fazer a crítica de

2 Ibidem, p. 115: "Os fenômenos do dialogismo polifônico e da carnavalização são parentes nas reflexões bakhtinianas", escreve Haroldo de Campos. "Pode-se mesmo dizer, parece-me, que envolvem os dois sentidos mais relevantes do termo *paródia* (embora o próprio Bhaktin, nas suas discriminações tipológicas, não o tenha usado como termo categorial assim abrangente): o *etimológico*, lato, de 'canto paralelo', e o *estilístico-literário*, estrito, de inversão cômica."

3 Ibidem, p. 130: Sobre a alegoria, escreve Haroldo: "Observou, entre nós, Flávio Kothe que Benjamin retoma a alegoria no seu sentido etimológico de 'dizer o outro' e a opõe ao símbolo, como o centrífugo ao centrípeto; o conceito benjaminiano de 'obra alegórica', para o mesmo autor, corresponderia ao de 'opera aperta' de Umberto Eco. [...] Nesse 'discurso outro' ou 'do outro', tudo pode significar tudo, alargando-se ao máximo o âmbito de remessa da cadeia semiótica de interpretantes".

uma alegoria antropofágica
claudio daniel

uma sociedade regida pela mercantilização da vida, do imaginário e do próprio sentimento religioso. No campo da dramaturgia nacional, a única comparação possível é com as peças de Oswald de Andrade, em particular *O Homem e o Cavalo* e *A Morta*, alegorias políticas antropofágicas que superam a linearidade naturalista pela fusão de tempos, espaços e repertórios culturais, numa colagem carnavalizada de discursos, símbolos e citações. A recusa da trama ficcional linear, da mímese e do determinismo é exatamente o elemento mais visível na peça de Haroldo de Campos, em que a pluralidade de camadas de significados do texto se sobrepõe à gestualidade e à ação dramática, assim como acontece no teatro intelectual de Mallarmé, em peças como *Hérodiade* e *L'Après-midi d'un faune*, onde praticamente nada acontece no palco: a ação é antes interna, encenada na imaginação do leitor / espectador, do que externa, como o próprio poeta francês afirma na advertência inicial de *Igitur*: "Ce conte s'adresse à l'Intelligence du lecteur qui met les choses en scène, elle-même" ("Esta história destina-se à inteligência do leitor que encena as coisas ele mesmo")[4]. Crítica da realidade social, alegoria, metáfora, minimalismo e narração subjetiva são unificados no discurso poético da peça haroldiana, que pela riqueza de alusões e pistas simbólicas nos faz recordar o adágio de Paul Claudel, que definiu o teatro clássico japonês – uma paixão de Ezra Pound, W.B. Yeats, e do próprio Haroldo de Campos – como uma "ampla tapeçaria de imagens e de sentenças"[5].

---

4   Stéphane Mallarmé, *Igitur ou A Loucura de Elbehnon*, trad. de José Lino Grunewald, Rio de Janeiro: Nova Fronteira, 1984, p. 10.
5   *Hagoromo de Zeami*, São Paulo: Estação Liberdade, 1993, p. 15.

Todas essas referências, é evidente, não esgotam as vias interpretativas e são apenas pontos de partida para a nossa reflexão sobre a peça-palimpsesto de Haroldo de Campos, que define sua estratégia jocopoética no próprio texto dramático, articulado em consonância com as pesquisas literárias desenvolvidas pelo autor após a publicação de seu livro de estreia, *Auto do Possesso* (1950). A primeira referência simbólica dessa peça enciclopédica, presente já no título, é o mito do Graal, cálice da Santa Ceia ou vaso no qual José de Arimateia teria recolhido o sangue de Cristo após a crucificação, conforme diferentes versões. Wolfram von Eschenbach, autor do romance de cavalaria *Parsifal*, que inspirou a ópera de Richard Wagner, entende o Graal como uma pedra vinda do céu (*lapis ex coelis*) que apresentaria virtudes mágicas curativas e de prolongamento da vida. O Graal também é chamado de *Lapsit exillis,* expressão interpretada de diferentes maneiras, como *lapis erilis,* ou "Pedra do Senhor", *lapis elixir,* com alusão ao elixir alquímico da regeneração, e *lapis de coelis,* ou "pedra celeste". Conforme Julius Évora, o Graal é representado, em vários textos da literatura medieval, ora como "um objeto imaterial, dotado de movimento próprio, de natureza indefinida ('não era de madeira, nem de qualquer metal, nem de pedra, de chifre ou de osso')", ora como "uma pedra – 'pedra celeste' e 'pedra de luz'", ora como "uma taça, uma bacia ou uma salva, muitas vezes de ouro e, por vezes, incrustada de pedras preciosas. Uma forma mista é a de uma taça talhada numa pedra (por vezes numa esmeralda)"[6]. Em um dos diversos relatos do Graal – há vasta

6   Julius Evora, *O Mistério do Graal*, Lisboa: Vega, 1978, p. 95.

uma alegoria antropofágica
claudio daniel

literatura a respeito, como os romances de Robert de Boron (*José de Arimateia, Merlim, Perlesvax*), Chrétien de Troyes (*Le Conte du Graal*), Albrecht von Scharffenberg (*Titurel*), *sir* Thomas Malory (*Le Morte d'Arthur*) –, a pedra celeste teria sido trazida para a Terra por uma legião de anjos caídos, condenados por se manterem neutros durante a rebelião de Lúcifer. Depois, a pedra miraculosa teria sido confiada à proteção de um corpo de cavaleiros de elite. Essa versão, defendida por Wolfram von Eschenbach, encontra uma variante, citada por Julius Évora em seu estudo sobre o Graal: a pedra vinda do céu seria uma esmeralda da coroa de Lúcifer e caiu na terra quando "Aquele que traz a luz" ("Eu sou O que Tenta", na peça) foi atingido pelo arcanjo Miguel. O Graal seria essa pedra luciferina, segundo o autor italiano. Essa longa introdução se faz necessária porque ajuda a esclarecer o sentido da peça desde o subtítulo: *bufotragédia mefistofáustica* ou *mefistofarsa bufotrágica*, expressões que denotam a fusão dos gêneros trágico e satírico e apontam a relação não apenas com os mitos do Graal, mas também com o *Fausto* de Goethe, saga da *hybris* demoníaca e ao mesmo tempo metáfora da compaixão divina[7]. Na peça de Haroldo de Campos, todos esses mitos e símbolos são transfigurados: Mefistófeles (de *me-photo-philes*, "aquele que não ama a luz", ou ainda de *me-phausto-philes*, "o que não ama Fausto"), o Senhor

---

7   H. de Campos, *Deus e o diabo no Fausto de Goethe*, São Paulo: Perspectiva, 1981, p. 73. O próprio Haroldo ali define o *Fausto* como um "poema enciclopédico, antes do que tragédia é uma tragicomédia, com enclaves líricos [...] e longos excursos filosófico-dialogais (Hegel chamou-o 'tragédia filosófica absoluta', apesar de o próprio poeta, ironicamente, se haver insurgido contra a mania dos alemães, 'gente bizarra', de querer encontrar por força, no fundo de uma obra, 'alguma ideia ou pensamento abstrato', que lhe servisse de fio condutor)".

das Moscas[8], é chamado de Luciphalus, Lampadófo, Príncipe-Bastardo ou Todaluz, conserva alguns elementos da personagem fáustica, como a vulgaridade e o senso de humor grosseiro, assim como o seu caráter metafísico de contraparte da luminosidade ("Eu te conheço. A luz é a irmã albina da treva. A treva é um caráter recessivo, como os olhos azuis. A luz domina", diz Graal ao Tinhoso, no início do segundo ato). A oposição entre luz e trevas, que remonta aos relatos bíblicos do *Bereshit* (traduzidos parcialmente pelo poeta, assim como excertos da segunda parte do *Fausto*), está na base da própria teoria das cores de Goethe, estudada por Walter Benjamin, que assim a resume: "A *Ferbenlehe* considera as cores como sendo metamorfoses da luz, como fenômenos que se produzem na luta da luz com a escuridão. Junto ao pensamento da metamorfose, é importante para Goethe o da polaridade, que percorre toda a sua pesquisa. A escuridão não é mera ausência de luz – se assim o fora, não seria perceptível – mas sim uma forma efetiva de contraluz."[9] Lúcifer, aquele que traz a luz, torna-se, após o episódio da rebelião e da queda, aquele que traz a sombra, numa dialética assim sintetizada por Benjamin, em outro contexto: "A alegoria é ambas simultaneamente, e ambas são por natureza contraditórias."[10] É possível pensarmos na negatividade luciferina também em seu aspecto transgressor: Lorde Leviatã é aquele que ultrapassa todos os limites, cometendo o pecado de

---

8 Ibidem, p. 91: No *Fausto* de Goethe, escreve Haroldo de Campos, o Maligno é chamado de "*Derr Herr der Ratten und Mause, / Der Fliegen, Frosche, Wanze, Lause*, ou seja, 'o Soberano dos ratos e camundongos, das moscas, dos sapos, percevejos e piolhos'".

9 Ibidem, p. 151.

10 Ibidem, p. 131.

trapassar del segno, na conhecida passagem da *Divina Comédia* de Dante (*Paraíso*, XXVI, 117). Mefisto não reconhece hierarquias de poder, nem fronteiras para as suas ações, propõe-se a tomar o céu de assalto, liderando a rebelião dos anjos, e paga o preço por seu orgulho e arrogância, episódio descrito por Milton em *O Paraíso Perdido*. No diálogo entre Lúcifer e Graal na peça de Haroldo de Campos, porém, predomina o aspecto da Tentação: o Supremo Tentador, com o nome de Todaluz (que podemos entender, dialeticamente, como Todatreva), tenta seduzir o protagonista, acenando com uma retórica de prazeres: "Vamos de uma vez. Decide. Estás vendo aqueles, lá embaixo. Anseiam por te receber em seu meio. [...] E depois as mulheres. As grandes alvas úbeis lábeis. Suas máquinas de mansidão. Suas moendas amorosas com vulvas e nenúfares: molham", passagem que pode ser comparada ao primeiro diálogo entre Fausto e Mefistófeles, no poema total de Goethe, onde o Demo "zomba da ciência e faz o elogio da abundância sensual da vida, à qual o saber teórico se opõe com sua plúmbea coloração mortuária"[11]. A personagem Graal, por sua vez, resiste ao jogo de sedução e recusa a oferta mefistofélica, à maneira do Parsifal wagneriano: "Fico com o meu nome. Ele já está amargo: eu o levo há cem anos. Mas não importa. É uma taça. Seu cristal cola-se a meu lábio como uma pele de vidro. E eu já te disse: se fosse uma constelação, gelaria, exceto duas estrelas". Em seu mito de origem, o Graal remete ao "tema de um centro misterioso", segundo Julius Évora, ao "tema de uma busca, de uma prova e de uma conquista espiritual", e ainda

---

11 Ibidem, p. 84.

ao "tema de uma sucessão ou restauração real que por vezes assume mesmo o caráter de uma ação curativa ou vingadora", tendo portanto o caráter de "'mistério' em sentido próprio, isto é, iniciático"[12]. A demanda do Graal é interpretada, na psicanálise junguiana, como a busca do *self* e "o processo de individuação [...], uma evolução progressiva através da qual o buscador (Parsifal) vai-se tornando aos poucos um ser humano integral. Suas buscas terminam quando acha o Graal, isto é, quando atinge o *self*, tornando-se 'ele mesmo'", na definição de Robert A. Johnson[13]. Na peça de Haroldo de Campos, a busca mística ou psicológica cede lugar a outra demanda, mais terrena, de amor e poesia. Despido da aura metafísica, o Graal de Haroldo de Campos é um arquivista de escritório comercial, numa época regida por "Homens de negócio. Capitães da indústria. Poderosos fabricantes de matéria plástica." Sua amada não é Kundry, a feiticeira tentadora da ópera de Wagner, mas uma jovem datilógrafa habituada a dançar no Club Sweet e ir ao cinema, cujo nome emblemático é Aureamusarondinaalúvia. Esta palavra-montagem, ou palavra-ideograma, apareceu pela primeira vez no poema "Ciropédia ou A Educação do Príncipe", de Haroldo de Campos, escrito em 1952, e é formada pela junção neológica dos termos áurea + *musa* + *arondina* (andorinha) + *alúvia* (do latim *alluo*, banhar-se, + *plúvia*, chuva, e também referência a Anna Lívia Plurabelle do *Finnegans Wake* de Joyce). Ela pouco aparece na peça: sua presença se desenvolve como quase-ausência, para culminar, nas últimas

---

12 J. Evora, op. cit., p. 31.
13 Cf. Wolfram von Eschenbach, *Parsifal*, trad. de Alberto Ricardo S. Patier, Brasília: Thot, 1989.

uma alegoria antropofágica
claudio daniel

linhas, em um enlace amoroso, na forma da citação de um fragmento do poema *no âmago do ômega*, escrito entre 1955 e 1956 por Haroldo de Campos ("marsupialmor mam / milos de lam / preias presas"). A *microestética* de *Graal* é plena de citações de palavras, imagens, metáforas e trechos de poemas escritos pelo autor de *Auto do Possesso*, numa consciente autorreferencialidade ou plagiotropia. Numa das falas da personagem Dame Mémoire, por exemplo, lemos: "Na Pia-Máter, a mais interna das membranas, eu jazia colada a meu oráculo", onde o autor se apropria das linhas iniciais do poema *Naja Vertebral*, de 1953, reconfiguradas, com acréscimo de outras linhas, compondo um outro texto, uma *variação*, tal como a palavra é entendida na música de concerto. O vocabulário erudito de *Graal* e a dicção quase abstrata das falas desafiam a retórica dramatúrgica, mais propensa à coloquialidade, sugerindo uma aproximação com a música: é um texto com vocação para a partitura, para a ópera de câmara. A presença de coros (dos Iguais, dos Homens Sem Cabeça e dos Homens Sem Braço) reforça a intenção musical polifônica, ao mesmo tempo que introduz, ao modo de anticlímax, um choque de realidade, nos trechos finais do segundo ato, onde a crítica ao capitalismo é mais direta:

> CORO I: Minhas notas, minhas notas. Que faço com as minhas notas?
>
> CORO II (*contando, desalentadamente*): De QUINHENTOS... De MIL... De QUINHENTOS... De MIL
>
> (*Dirigem-se para Graal:*)
>
> CORO I: A mesa está posta. Que faremos com a mesa?
>
> CORO II: Nossos corpos estão inteiros. Que faremos com nossos corpos?

GRAAL: Eu sou Graal. Eu não faço. Procuram-me. Eu me...

CORO I: Cornucópias! CIFRÕES! MILHÕES! CIFRÕES!

CORO II: Estas vigílias...

CORO I: De corno e cópias... que faremos com MILHÕES? Que faremos com CIFRÕES? CIFRÕES... CIFRÕES... CI...

GRAAL (*para Aureamusa*): Eu me eu te eu se eu si... Eu meemmim eu me em ti eu me em si.

COROS I e II (*uníssono*): No princípio era o CI...

[...]

GRAAL Eu meemmimtimesmo... SI...

GRAAL e AUREAMUSA (*a duas vozes*): SIM! SI.

A metamorfose semântica operada pelo poeta no trecho final da peça, em desafio e recusa à tentação capitalmefistofélica, fragmenta a palavra "cifrões", isolando a sílaba "ci", que se transforma no pronome si, e por fim no advérbio sim e no substantivo cio: desconstrução e metamorfose das trevas, reconvertidas em LUZ.

COLABORADORES DESTE VOLUME

CARLOS ANTÔNIO RAHAL (ORG.)

Ator, diretor teatral e doutor em Artes Cênicas pela Escola de Comunicações e Artes da Universidade de São Paulo (ECA-USP), é professor de Publicidade e Propaganda no Mackenzie, na ESPM e na FAAP, na qual leciona ainda no curso de Cinema. É autor de *Jorge Andrade: Um Dramaturgo no Espaço Tempo* (Perspectiva, 2015).

J. GUINSBURG

Crítico, ensaísta, tradutor, editor e professor emérito da ECA-USP, onde lecionou Estética Teatral e Teoria do Teatro. Entre suas publicações mais recentes, encontram-se: a tradução de *Spinoza: Obra Completa* (com Newton Cunha, Perspectiva, 2014, 4 v.), a organização e a tradução de *Lessing – Obras: Crítica e Criação* (com Ingrid D. Koudela, Gita K. Guinsburg e Samir Signeu) e *Teatro Brasileiro: Ideias de uma História* (com Rosângela Patriota; Perspectiva, 2012).

LUCIO AGRA

Performer, poeta, doutor em Comunicação e Semiótica pela Pontifícia Universidade Católica (PUC-SP), é professor do Centro de Cultura, Linguagens e Tecnologias Aplicadas (Cecult) da Universidade Federal do Recôncavo da Bahia (UFRB). Atua artisticamente no Brasil e no exterior, há vários ano, sendo autor de *Monstrutivsmo: Reta e Curva das Vanguardas* (Perspectiva, 2010).

CLAUDIO DANIEL

Poeta, tradutor e ensaísta, é doutor em Literatura Portuguesa pela USP e editor da revista eletrônica *Zunái*. Publicou, entre outros, *Romanceiro de Dona Virgo* (contos, Lamparina, 2004) e *Figuras Metálicas* (poesia reunida, Perspectiva, 2005).

COLEÇÃO SIGNOS
HAROLDIANA

1. PANAROMA DO FINNEGANS WAKE ● James Joyce (Augusto e Haroldo de Campos, orgs.)
2. MALLARMÉ ● Augusto e Haroldo de Campos e Décio Pignatari
3. PROSA DO OBSERVATÓRIO ● Julio Cortázar (Trad. de Davi Arrigucci Júnior)
4. XADREZ DE ESTRELAS ● Haroldo de Campos
5. KA ● Velimir Khlébnikov (Trad. e notas de Aurora F. Bernardini)
6. VERSO, REVERSO, CONTROVERSO ● Augusto de Campos
7. SIGNANTIA QUASI COELUM: SIGNÂNCIA QUASE CÉU ● Haroldo de Campos
8. DOSTOIÉVSKI: PROSA POESIA ● Boris Schnaiderman
9. DEUS E O DIABO NO FAUSTO DE GOETHE ● Haroldo de Campos
10. MAIAKÓVSKI – POEMAS ● Boris Schnaiderman, Augusto e Haroldo de Campos
11. OSSO A OSSO ● Vasko Popa (Trad. e Notas de Aleksandar Jovanovic)
12. O VISTO E O IMAGINADO ● Affonso Ávila
13. QOHÉLET/O-QUE-SABE – POEMA SAPIENCIAL ● Haroldo de Campos
14. RIMBAUD LIVRE ● Augusto de Campos
15. NADA FEITO NADA ● Frederico Barbosa
16. BERE'SHITH – A CENA DA ORIGEM ● Haroldo de Campos
17. DESPOESIA ● Augusto de Campos
18. PRIMEIRO TEMPO ● Régis Bonvicino
19. ORIKI ORIXÁ ● Antonio Risério
20. HOPKINS: A BELEZA DIFÍCIL ● Augusto de Campos
21. UM ENCENADOR DE SI MESMO: GERALD THOMAS ● Silvia Fernandes e J. Guinsburg (orgs.)
22. TRÊS TRAGÉDIAS GREGAS ● Guilherme de Almeida e Trajano Vieira
23. 2 OU + CORPOS NO MESMO ESPAÇO ● Arnaldo Antunes
24. CRISANTEMPO ● Haroldo de Campos
25. BISSEXTO SENTIDO ● Carlos Ávila
26. OLHO-DE-CORVO ● Yi Sáng (Yun Jung Im, org.)
27. A ESPREITA ● Sebastião Uchôa Leite
28. A POESIA ÁRABE-ANDALUZA: IBN QUZMAN DE CÓRDOVA ● Michel Sleiman
29. MURILO MENDES: ENSAIO CRÍTICO, ANTOLOGIA E CORRESPONDÊNCIA ● Laís Corrêa de Araújo
30. COISAS E ANJOS DE RILKE ● Augusto de Campos
31. ÉDIPO REI DE SÓFOCLES ● Trajano Vieira
32. A LÓGICA DO ERRO ● Affonso Ávila

33. POESIA RUSSA MODERNA • Augusto e Haroldo de Campos e B. Schnaiderman
34. RE VISÃO DE SOUSÂNDRADE • Augusto e Haroldo de Campos
35. NÃO • Augusto de Campos
36. AS BACANTES DE EURÍPIDES • Trajano Vieira
37. FRACTA: ANTOLOGIA POÉTICA • Horácio Costa
38. ÉDEN: UM TRÍPTICO BÍBLICO • Haroldo de Campos
39. ALGO : PRETO • Jacques Roubad
40. FIGURAS METÁLICAS • Claudio Daniel
41. ÉDIPO EM COLONO DE SÓFOCLES • Trajano Vieira
42. POESIA DA RECUSA • Augusto de Campos
43. SOL SOBRE NUVENS • Josely Vianna Baptista
44. AUGUSTO STRAMM: POEMAS-ESTALACTITES • Auguso de Campos
45. CÉU ACIMA: UM TOMBEAU PARA HAROLDO DE CAMPOS • Leda Tenório Motta (org.)
46. AGAMÊMNON DE ÉSQUILO • Trajano Vieira

COLEÇÃO SIGNOS

47. ESCREVIVER • José Lino Grünewald (José Guilherme Correa, org.)
48. ENTREMILÊNIOS • Haroldo de Campos
49. ANTÍGONE DE SÓFOCLES • Trajano Vieira
50. GUENÁDI AIGUI: SILÊNCIO E CLAMOR • Boris Scnhnaiderman e Jerusa Pires Ferreira (orgs.)
51. POETA POENTE • Affonso Ávila
52. LISÍSTRATA E TESMOFORIANTES DE ARISTÓFANES • Trajano Vieira
53. HEINE, HEIN? POETA DOS CONTRÁRIOS • André Vallias
54. PROFILOGRAMAS • Augusto de Campos
55. OS PERSAS DE ÉSQUILO • Trajano Vieira
56. OUTRO • Augusto de Campos
57. LÍRICA GREGA, HOJE • Trajano Vieira
58. GRAAL, LEGENDA DE UM CÁLICE • Haroldo de Campos

Este livro foi impresso na cidade de São Paulo,
nas oficinas da Orgrafic Gráfica e Editora,
em agosto de 2017,
para a Editora Perspectiva.